Daisy Letourneur

Man wird nicht als Mann geboren

UNRAST

Daisy Letourneur ist eine lesbische trans Frau und feministische Aktivistin. Sie ist Mitglied des Kollektivs »Toutes des Femmes« und Autorin des erfolgreichen Blogs »La Mecxpliqueuse« (»Die Mansplainerin«), in dem sie sich seit 2017 kritisch mit Männlichkeiten auseinandersetzt. Im Jahr 2022 erschien ihr erstes Buch bei Éditions La Découverte

Florian Kranz studierte Mehrsprachige Kommunikation in Köln sowie Literaturübersetzen in Düsseldorf. 2021 war er Stipendiat des deutsch-französischen Georges-Arthur-Goldschmidt-Programms und übersetzt inzwischen hauptberuflich Literatur aus dem Englischen, Französischen und Niederländischen.

Daisy Letourneur

Man wird nicht als Mann geboren

Kleine feministische Abhandlung über Männlichkeiten

aus dem Französischen übersetzt von Florian Kranz

UNRAST

Daisy Letourneur
Man wird nicht als Mann geboren
2. Auflage, Juli 2025
ISBN 978-3-89771-360-4

Titel der Originalausgabe:
On ne naît pas mec. Petit traité féministe sur les masculinités

Fuggerstr. 13 a, D-48165 Münster

www.unrast-verlag.de – kontakt@unrast-verlag.de
Mitglied in der assoziation Linker Verlage (aLiVe)

Cover: Felix Hetscher, Münster
Satz: Andreas Hollender, Köln
Druck: Interpress, Budapest

Inhalt

Dritter Teil. Männer unter sich

Vierter Teil. Mit den Frauen

Danksagung

Dieses Buch hätte ich wahrscheinlich nicht ohne Céline Extenso fertiggestellt, eine fantastische feministische und anti-ableistische Aktivistin, die den Text gegengelesen, unterstützt, bereichert, hinterfragt und inspiriert hat. Ich streichle dir über die Wange! Danke auch an Magda, Madeleine und alle Frauen, die mich in meinen Jahren des Mansplainings in irgendeiner Form unterstützt haben. Meiner Schwester und meinem Schwager danke ich dafür, dass sie mir einen Rückzugsort zum Schreiben zur Verfügung gestellt haben.

Vielen Dank an Pauline Huret-Liouville, dank der ich meine Stimme gefunden habe. An *Espace Santé Trans* und all diejenigen, die ich dort kennenlernen durfte. An Victoire Tuaillon, dank der mein Blog Bekanntheit erlangt hat.

Und auch wenn sie an diesem Buch nicht direkt mitgewirkt hat, danke ich meiner Gang, dem Kollektiv *Toutes Des Femmes*.

Einleitung

DER LEGENDE NACH ERHÄLT JEDER JUNGE ZUM ELFTEN GEBURTSTAG EIN PAKET.

PAPA, MAMA, SIE IST DA! MEINE
MÄNNLICHKEIT!
FRAGIL
IN DIESEM PAKET STECKEN VIELE GESCHENKE:
EIN STINKENDES DEO
POWER MEAT
ÜBERALL HAARE
DIE URL VON YOUPORN
EINE GAMING-MAUS IN FORM DES BATMOBILS

ABER VORSICHT, DIESES GESCHENK IST FRAGIL!
IGITT, RIECHST DU HIER SO NACH SCHINKEN?
SCHEIßE, EIN ACHTJÄHRIGER HAT MIR 'NEN HEADSHOT VERPASST!

MÄNNLICHKEIT

Warum eigentlich noch über Männer sprechen? Wenn alles so geregelt ist, als wäre der Mann der Standardmensch und die Frau nur eine Abweichung, sollte man doch meinen, dass sowieso schon zu viel über sie gesprochen wird. Schaut man allerdings genauer hin, wird deutlich, dass eher vom *Mann* gesprochen wird und nicht so sehr von *Männern*. Wir sprechen meist von Individuen und selten von der Gesamtheit der Männer; eher über Männer, die die Welt verändern, als über Männer, die Penisbilder im Internet verschicken; eher über Minister als über Vergewaltiger (außer natürlich, ein Mann ist beides zugleich).

Da Männer stets alle Blicke und Worte auf sich ziehen, gilt ihre Sichtweise als die selbstverständliche, und nicht etwa als einzelne Meinung unter vielen. Aus diesem Grund wird sie auch nur selten infrage gestellt. Der weiße, heterosexuelle cis Mann ist nicht »markiert«. Wenn eine Lesbe die Stimme erhebt, sieht sie sich dem Vorwurf ausgesetzt, sie könne nur für sich sprechen und sei wahrscheinlich sowieso eine Männerhasserin. Macht ein rassifizierter Mann den Mund auf, gilt er schnell als Sprachrohr einer ganzen Community, ob er das nun will oder nicht. So läuft das, wenn man markiert ist, wenn man der*die »Andere« ist.

In *Das andere Geschlecht* zeigt Simone de Beauvoir, wie Frauen zu diesem »Anderen« gemacht und als Abweichung einer zwangsläufig männlichen Norm definiert wurden.[1] Aber was passiert, wenn man Männer als Untergruppe mit besonderen Merkmalen, Eigenheiten und internen Regulationsmechanismen auffasst? Den ersten Anstoß zur Untersuchung von Männlichkeit gab das Anliegen, die Sicht auf die Dinge umzudrehen, die Lampe auf diejenigen zu richten, die das Verhör bisher geführt haben.

Über Männer schreibe ich seit Anfang 2017 in einem Blog, der damals noch Le Mecxpliqueur hieß – der Mansplainer. Dieses Projekt entstand aus einer mehrjährigen Beschäftigung mit dem Feminismus. Ich habe lange darüber nachgedacht, wo ich als Mann in dieser Bewegung meinen Platz habe. Denn ja, damals habe ich als Mann gelebt. Und offenbar habe ich genau den Moment erwischt, in dem sich mehr und mehr Menschen für diese Frage interessierten. Ich wurde zu Podcasts, Radioshows und einer Fernsehdoku eingeladen ... und das nur, weil ich ein feministischer Mann war. Offen-

1 de Beauvoir, Simone (2000): *Das andere Geschlecht. Sitte und Sexus der Frau.* Aus dem Französischen von Uli Aumüller und Grete Osterwald. Hamburg: Rowohlt.

sichtlich besteht nach solchen Männern eine sehr hohe Nachfrage. Doch mein Unbehagen wuchs stetig. Je intensiver ich mich mit feministischer Theorie auseinandersetzte, je mehr man mich für mein (zugegebenermaßen mageres) Engagement beweihräucherte, desto mehr fühlte ich mich fehl am Platz. Mein Schreibprojekt war also auch eine Art Selbstbefragung, mit deren Hilfe ich meinen Wunsch, als Frau leben zu wollen, begreifen konnte.

Den Namen des Blogs änderte ich zu La Mecxpliqueuse (die Mansplainerin) – die französische Übersetzung eines Neologismus der Essayistin Rebecca Solnit. In ihrem Text *Wenn Männer mir die Welt erklären*[2] entlarvte sie die Neigung von Männern, Frauen etwas zu erklären, das sie bereits wissen. Eine Fachfrau, die jahrelang zu einem Thema geforscht und Konferenzen dazu abgehalten hat, wird irgendwann unvermeidlich auf einen Mann treffen, der meint, sich damit besser auszukennen, auch wenn er noch keine fünf Minuten darüber nachgedacht hat. Dieses männliche Verhalten, Frauen Dinge zu erklären, die sie schon wissen, bezeichnen Feminist*innen in Anlehnung an Solnit als *Mansplaining*, gebildet aus den Worten *man* und *explaining*. Indem ich mich als »mecxpliqueuse« bezeichnete, wollte ich die Vorstellungen vertauschen und die Männer als etwas begreifen, das man erklären muss.

Thema dieses Buches ist nicht mein Privatleben, aber da ich die männliche Position untersuchen möchte, sollte ich wohl meinen Standpunkt darlegen. Ich behaupte nicht, dass ich vor meiner Transition eine typisch männliche Lebenserfahrung gemacht habe – als ob es da nur eine einzige gäbe – oder dass ich als trans[3] Frau heute einen Rundumblick auf Geschlechterfragen habe. Ich bin eine weiße, lesbische trans Frau und mein Standpunkt ist nicht neutraler als irgendein anderer.

Dieses Buch ist ein wenig eigenartig, weil es als Blog begonnen hat und weil ich eben bin, wer ich bin: keine große Theoretikerin, keine Forscherin, sondern ein Tausendsassa mit Erfahrung im Bereich Journalismus und Kommunikation und einem Abschluss von der Eliteuniversität namens Arbeitslosigkeit. In diesem Buch möchte ich versuchen, die Ergebnisse

2 Solnit, Rebecca (2015): *Wenn Männer mir die Welt erklären.* Aus dem amerikanischen Englisch von Kathrin Razum und Bettina Münch. Hamburg: Hoffmann und Campe.

3 Über die Begriffe transgender, transsexuell und Transidentität (ebenso wie über die Gegenbegriffe cisgender, cissexuell und Cisidentität) wird viel debattiert. Welches Wort ist das sinnvollste? Ich habe mich schlicht für »trans« und »cis« entschieden, weil mich diese Debatten ermüden.

feministischer Wissenschaftler*innen, die viel ernstzunehmender sind als ich, verständlich und zugänglich zu machen, persönliche Anekdoten aus meinem Leben erzählen, einige meiner seltsamen Ideen präsentieren und außerdem, weil der Verleger es mir nicht verboten hat, witzige Cartoons zeigen. Ich werde auf Statistiken, Theorien, Geschichten, Illustrationen und Pointen zurückgreifen, damit ihr einen neuen Blick auf eure Väter, Brüder, Freunde und Ex-Freunde werft – und vielleicht auch auf euch selbst.

Dennoch ist dieses Buch keine Gebrauchsanweisung zur persönlichen Weiterentwicklung. Hier werdet ihr keine Ansätze für ein besseres Ausleben eurer Männlichkeit finden, ebenso wenig wie Ratschläge für die Veränderung der Männer in eurem Umfeld. Wenn euch die Lektüre in eurem Alltag inspiriert, dann freut mich das, aber ich halte nicht den Schlüssel zur Verbesserung eures Lebens in der Hand. Ich glaube nicht, dass ich eine besonders gute Quelle für Moralpredigten und lieb gemeinte Ratschläge bin, und ich glaube auch nicht, dass persönliche Weiterentwicklung der richtige Weg für einen kollektiven Kampf ist. Ich werde nicht dafür sorgen, dass ihr euch im Patriarchat wohler fühlt. Wir haben Besseres verdient als kleine, individuelle Blasen, in denen es sich gerade so aushalten lässt.

Für die männlichen Leser wird sich die Lektüre dieses Textes wahrscheinlich unangenehm anfühlen. Ich verfasse schließlich kein Buch über Männer, damit sie sich gebauchpinselt fühlen. Hätte ich ein Buch über die Bourgeoisie geschrieben, hätte ich darin ebenfalls niemanden mit Samthandschuhen angefasst, auch die wohlhabenden Frauen nicht. Und hätte ich über cis Personen geschrieben, dann hätten sich sowieso 99 Prozent von euch auf den Schlips getreten gefühlt.

Vor einigen Jahren hat bei einer öffentlichen Veranstaltung jemand über meinen Blog gesagt: »Wenn ich nicht wüsste, dass der Autor ein Mann ist, würde ich denken, dass da eine hysterische Lesbe schreibt.« Eine eindeutig frauen- und lesbenfeindliche Aussage, die mich allerdings mit Stolz erfüllt hat. Damals hatte ich mein Coming-out zwar noch nicht gehabt, ich wusste aber bereits, dass ich genau diese hysterische Lesbe werden wollte. Indem ich das Team gewechselt habe, habe ich einen entscheidenden Vorteil verloren: Männer hören mir nicht mehr so bereitwillig zu. Nun befinde ich mich wirklich in der denkbar schlechtesten Position, um von Männern ernst genommen zu werden. Die Sichtbarkeit meines Blogs führte damals dazu, dass mich Maskulinisten online als »Schwuchtel« oder »lila Pudel« bezeichneten. Ich erinnere mich vor allem an einen, der in einem Video verkündete, ich würde zu jenen gehören, die sich »am Strand auf den Bauch legen«.[4] Wirklich messerscharf analysiert.

Wenn du ein Mann bist und dich das, was auf den folgenden Seiten geschrieben steht, verärgert, dann reg dich bitte nicht sofort auf, sondern bedenke: Ich schreibe das alles nicht, weil ich dir persönlich etwas Böses will (also, zumindest ist das sehr unwahrscheinlich). Versteh das hier bitte nicht als Einschätzung deines persönlichen moralischen Werts. In diesem Buch werde ich über Dynamiken schreiben, die sich auf einer kollektiven Ebene abspielen und weit über dich kleines Individuum hinausgehen. Das möchte ich gleich klarstellen, damit du offen und wohlwollend an die Lektüre herantrittst. Frag dich, welche meiner Schilderungen auf dich zutreffen und wie du dich dazu positionieren kannst. Nicht vergessen: Über seine Männlichkeit zu sprechen heißt nicht, dass man seine gesamte Existenz infrage stellen muss. Du bist nicht *nur* ein Mann; dein Wesen, deine Erfahrungen und deine Wünsche werden nicht zur Gänze von Männlichkeit bestimmt. Zumindest hoffe ich das für dich. Trotz allem wird dieses Buch nicht von deiner Leidenschaft fürs Briefmarkensammeln handeln und auch nicht davon, dass du schon einmal einer älteren Dame über die Straße geholfen hast.

---

4 Anm. d. Übers.: Eine schwulenfeindliche Beleidigung, die darauf abzielt, dass sich jemand in einer solchen Position für Analsex anbietet.

Erster Teil. Die männliche Natur

Zuallererst sollten wir uns über die Grundlagen einig werden: Wovon sprechen wir, wenn wir von einem Mann sprechen? Ist das eine rein biologische Frage? Schließlich gibt es doch natürliche Unterschiede zwischen den Geschlechtern, oder? Gleich als Vorwarnung: In diesem ersten Stück werde ich einige Theorieschnipsel heranziehen, ich versuche aber, sie so leicht verdaulich wie möglich zu machen. Wir schauen in die Philosophie, die Soziologie und die Biologie und gehen hoffentlich etwas klüger ins Bett. Das sollte den Sapiosexuellen unter euch doch gefallen!

1. Was ist ein richtiger Mann (und was ein falscher)?

Warum sollte ich meine Zeit damit verschwenden, das Wort »Mann« zu definieren? Schließlich kennt doch jede*r von uns Männer, wir alle machen täglich Erfahrungen mit ihnen. Jeden Tag begegnen wir Menschen und stecken sie im Kopf entweder in die Schublade »Mann« oder in die Schublade »Frau«, ohne weiter darüber nachzudenken. Diesen Prozess nennt man Vergeschlechtlichung. Und gerade in dieser Gedankenlosigkeit verstecken sich lauter Vorstellungen über Männlichkeit und Weiblichkeit. Die Dinge, über die wir nicht nachdenken, weil sie in der Regel bereits für uns gedacht wurden.

Die erste Definition des Mannes, der wir begegnen, ist die biologische. Ein Mann hat ein Y-Chromosom, eine Frau hingegen nicht. Ein Mann hat einen Penis, mehr Testosteron, Bartwuchs, größere Muskeln und ein schwereres Skelett. Betrachtet man das Ganze etwas weiter gefasst, lassen sich insgesamt fünf Aspekte der Geschlechtsidentität voneinander unterscheiden, fünf »Geschlechter«, die sich jeweils auf eine andere Facette beziehen:

1. Das **chromosomale Geschlecht**, das berühmte XX oder XY. Dabei handelt es sich allerdings um eine Vereinfachung, denn tatsächlich gibt es Frauen mit XY- oder XXY-Chromosomensatz, Männer mit XX-Chromosomen und so weiter, die so geboren werden und das manchmal erst im Erwachsenenalter (oder nie) herausfinden.

2. Das **hormonelle Geschlecht**. Bei jedem Menschen werden Testosteron und Östrogen gebildet, aber im Schnitt haben Männer mehr Testosteron und Frauen mehr Östrogen. Die Formulierung »im Schnitt« wähle ich bewusst, denn in Wirklichkeit überschneiden sich die Verteilungskurven.

3. Das **anatomische Geschlecht**, also das, was ein Mensch zwischen den Beinen hat. Und auch das scheint manchmal eindeutiger, als es in Wirklichkeit ist.

4. Das **soziale Geschlecht**, die Gesamtheit an unterschiedlichen Rollen und Positionen, die »Männern« und »Frauen« in einer gegebenen Gesellschaft jeweils zugeteilt werden.

5. Das **psychologische Geschlecht**, mit dem man sich identifiziert.

All das mag vielleicht ziemlich kompliziert wirken, aber meiner bescheidenen Meinung nach ist das noch viel zu einfach. So misst man den Genitalien recht willkürlich eine große Bedeutsamkeit für die Definition des anatomischen Geschlechts zu. Aber warum sollten wir uns darauf beschränken? Was ist zum Beispiel mit den Händen? Schließlich bezeichnen wir manche Hände eher als männlich (wenn sie groß, behaart etc. sind) und manche eher als weiblich (wenn sie zart, schmal etc. sind), und das obwohl manche Frauen nach dieser Vorstellung männliche Hände haben und manche Männer weibliche. Als ich noch ein Kind war, hat meine Schwester mir gesagt, ich hätte weibliche Wimpern, also vergeschlechtlichen wir offenbar bestimmte Körperhaare. Und was ist mit der Stimme? Wir könnten der Liste noch einige »Geschlechter« hinzufügen: Handgeschlecht, Stimmgeschlecht, Feld-Wald-und-Wiesengeschlecht ...

Wie Geschlecht hergestellt wird

Jedes Modell, in dem Geschlecht auf die Biologie beschränkt wird, bestätigt sehr schnell sexistische Klischees und Vorurteile über Männer und Frauen. Wenn man aber auf der Straße einer Person begegnet und sie vergeschlechtlicht, testet man schließlich nicht ihre DNA, um die An- oder Abwesenheit eines Y-Chromosoms zu prüfen, und schaut auch nicht in ihre Hose. Vielleicht hat diese Person einen Bart, aber manche Männer sind dank ihres Fünf-Klingen-Rasierers mit Gleitbeschichtung aus Aloe Vera total glattrasiert, während manche Frauen »Hirsutismus«, also eine Gesichtsbehaarung haben, die auf das Polyzystische Ovarialsyndrom, auf ihre Gene oder schlicht und ergreifend auf die Tatsache zurückzuführen ist, dass wir Menschen vom Affen abstammen. Kurz: Biologisches Geschlecht ist eine unglaublich komplexe Angelegenheit und sobald wir uns den Details widmen, stellt sich das Modell der Zweigeschlechtlichkeit als Hindernis für eine fundierte wissenschaftliche und medizinische Auseinandersetzung mit Geschlecht heraus.

Tatsächlich stützen wir uns, wenn wir einen Menschen vergeschlechtlichen, meist auf das soziale Geschlecht. Das soziale Geschlecht drücken wir durch all die Dinge aus, die wir anders machen, je nachdem, ob wir ein Mann oder eine Frau sind. In unserer Gesellschaft gehören dazu zum Beispiel das Tragen von Hosen oder Kleidern mit diesem oder jenem Schnitt, das Überkreuzen der Beine und das »Manspreading«[1], das Tragen von rosa Kleidung und Blumenmustern oder von unifarbenen Stoffen. Wir Frauen müssen den Männern auf der Straße aus dem Weg gehen, Männer können hingegen darauf zählen, dass alle anderen Platz machen. Wir senden Tausende mehr oder weniger subtile Signale aus, die andere Menschen als typisch männlich oder weiblich interpretieren. Und schon die kleinste Abweichung von der Norm reicht aus, um anderen Unbehagen zu bereiten. Fragt irgendeinen langhaarigen Mann und er wird euch bestätigen, dass er schon einige Male mit »Frau« angesprochen wurde, von einer Person, die sich wahrscheinlich sofort verbessert hat, sobald sie ein oder zwei Signale erkannt hat, die ihrem ersten Eindruck widersprachen: einen kleinen Kinnbart, eine Krawatte oder eine empörte Miene, weil man ihn für eine schwache Frau gehalten hat.

Trans Personen haben ein besonders ausgeprägtes Gespür für die Mechanismen der Vergeschlechtlichung, denn ihr Leben gestaltet sich unendlich viel leichter, wenn andere Menschen sie nicht misgendern, und mit der Zeit lernen sie, sich entsprechend zu verhalten. Wir trans Frauen wissen genau, dass man uns eher mit »Frau« anspricht, wenn wir große Ohrringe tragen und nicht zu wenig, aber auch nicht zu aufdringlich geschminkt sind (in letzterem Fall könnte man uns für eine Drag Queen halten). Trans Männer müssen ihrerseits lernen, weniger freundlich, höflich und zurückhaltend zu sein, damit sie von anderen als Männer wahrgenommen werden.

Ein anschauliches Beispiel für die Relevanz des sozialen Geschlechts und seine Loslösung vom biologischen Geschlecht beim Prozess der Vergeschlechtlichung ist das Geschlecht von Robotern. Woher wissen wir alle, dass der Roboter WALL-E aus dem Pixar-Film ein Junge und EVE ein Mädchen ist? Bei meiner Arbeit für ein Unternehmen, das humanoide Roboter herstellt, habe ich gelernt, dass sich die Designer*innen und Ingenieur*innen Mühe geben, ihre Kreationen nicht zu vergeschlechtlichen. Der kleine Roboter NAO hatte eine »neutrale« Kinderstimme, bewusst so programmiert, dass sie nicht eindeutig als männlich oder weiblich zu erkennen war. Mit großem Interesse beobachtete ich, dass die Leute NAO in 90 Prozent der Fälle für einen Jungen hielten. Zu der kleinen Minderheit derer, die NAO für ein Mädchen hielten, zählten ausschließ-

1 Dieses Wort kommt aus dem Englischen und bezeichnet das meist männliche Verhalten, die Beine beim Sitzen so weit zu spreizen, dass für andere Menschen kein Platz mehr bleibt, zum Beispiel in der U-Bahn.

lich Frauen. Entwickler*innen von Spracherkennungssoftware bei Apple, Google oder Amazon haben weniger Skrupel und statten ihre Kreationen gleich standardmäßig mit weiblichen Stimmen aus. Offenbar lieferten Verbrauchertests das Ergebnis, dass es sich für alle Menschen natürlicher anfühlt, einer Frau Befehle zu erteilen. Zumindest das wissen wir jetzt also.

Dieses »soziale Geschlecht« bezeichnet man auch als Gender. Ihr müsst dieses Wort nur erwähnen und schon erlebt ihr als Individuum einen äußerst lebhaften Abend und als Nation zahlreiche reaktionäre Demonstrationen. Trotzdem besagt die »Gender-Theorie« nicht mehr, als dass es zwischen Männern und Frauen Unterschiede gibt, die nicht allein biologi-

scher oder göttlicher Natur sind. Dass das Y-Chromosom kein Krawatten-Gen enthält. Bricht man es auf diese grundlegende Tatsache herunter, lässt sich Gender nur schwer leugnen.

Also, was macht aus einem Mann einen Mann? Seine Handlungen, aber auch die Handlungen seiner Mitmenschen. So erklärt es die*der Philosoph*in[2] Judith Butler in *Das Unbehagen der Geschlechter.*[3] Butler versteht Geschlecht als »performativ« – eine Formulierung, die vielleicht mehr Missverständnisse erzeugt als beseitigt hat (Klarheit ist leider wirklich nicht Judiths Stärke). Beim Wort performativ denkt man nämlich erst einmal an eine künstlerische »Performance«. Deshalb wurde Judiths Verständnis von Gender verzerrt, als hätte sie*er behauptet, das Leben sei nur ein großes Theater von Drag Queens und Drag Kings, in dem jede*r von uns durch das entsprechende Kostüm die Rolle einer Frau oder eines Mannes spielt. Tatsächlich steckt darin aber ein Funken Wahrheit: Wir alle haben verinnerlicht, was ein Mann oder eine Frau machen »muss«, und das beeinflusst unser Dasein, vom kleinsten Detail unserer Körperhaltung bis hin zu unseren individuellen Lebens- und Karrierewegen.

Diesen vergeschlechtlichten Szenarien kann man ganz genau folgen oder sich ihnen gänzlich entgegenstellen, aber man kann nicht einfach so tun, als gäbe es sie nicht, schließlich sind sie uns schon von klein auf tief eingeschrieben. Unser Gender wird nicht nur durch unsere Handlungen bestimmt, sondern auch durch die unserer Mitmenschen. Angefangen beim Arzt, der uns bei einer Ultraschalluntersuchung oder bei der Geburt zwischen die Beine geschaut und uns (jedenfalls in den meisten Fällen) für den Rest unseres Lebens zur Frau oder zum Mann erklärt hat. Danach kommen unsere Verwandten, unsere Freund*innen, Erzieher*innen, Lehrer*innen und Kolleg*innen – die ganze Welt macht uns zum Mann oder zur Frau. Wir vergeschlechtlichen sowohl uns selbst als auch einander.

Was bedeutet das konkret? Wenn du dich »wie ein Mann« verhältst und auch so aussiehst, dass alle dich als Mann erkennen und so behandeln – also dir gewisse Privilegien und Erwartungen entgegenbringen –, bedeutet das, mit Judith Butler gesprochen, unabhängig von deinem Chromosomensatz,

---

2 Judith Butler zieht im Englischen das geschlechtsneutrale Pronomen *they* vor, weshalb ich für sie*ihn in diesem Text auf geschlechtsspezifische Bezeichnungen verzichten werde.

3 Butler, Judith (1991): *Das Unbehagen der Geschlechter*. Aus dem Amerikanischen von Katharina Menke. Frankfurt am Main: Suhrkamp.

dass du ein Mann bist. Und wenn mir ein betrunkener Mann nachts auf der Straße etwas zuruft und mich »Schätzchen« nennt, sodass ich, nur für den Fall, meinen Schlüsselbund wie einen Schlagring zwischen die Finger klemme, dann bedeutet das, dass ich eine Frau bin.

Das *Gender* geht dem *Sex* voraus

Wenn wir noch einmal auf diesen grundlegenden Akt der medizinischen Zuweisung zum Geschlecht M oder F zurückblicken, stoßen wir auf die wahre Natur von Gender. Denn öfter, als man denkt, kommen Kinder intergeschlechtlich zur Welt, sodass eine Ärztin nicht ohne Weiteres mit einem Blick auf die Genitalien bestimmen kann, ob es ein Junge oder ein Mädchen ist. Und was passiert daraufhin viel zu oft? Die Medizin greift ein, meist durch Operationen und Behandlungen, die schmerzhaft, körperlich behindernd oder traumatisch sein können und sich häufig über mehrere Jahre hinziehen. Das passiert nicht etwa, damit das Kind vor eventuellen gesundheitlichen Problemen geschützt ist, sondern damit es genau in eine vorgefertigte Schublade passt. Es folgen schwerwiegende Hormonbehandlungen, operative Eingriffe in die Klitoris, wenn sie als zu groß erachtet wird (zu groß wofür?), oder schmerzhafte Vergrößerungen von Vaginas bei Kindern unter zehn Jahren, damit sie später einmal von einem Penis penetriert werden können. Denn auch diese Vorstellung prägt das allgemeine Verständnis von Gender: Wer penetriert, wer wird penetriert? Kaum praktizieren zwei »Männer« oder zwei »Frauen« penetrativen Sex, schon sind alle völlig verwirrt.

Auch in der Welt des Sports werden Körper nach den Genderregeln zurechtgebogen. Vor nicht allzu langer Zeit wurde die Läuferin Caster Semenya, Olympiasiegerin im 800-Meter-Lauf, die sich wegen ihrer erhöhten Androgenproduktion einer Überprüfung ihres Geschlechts unterziehen musste, von Sportverbänden wegen ihres als »zu hoch« erachteten Testosteronspiegels vor eine Entscheidung gestellt, die ihre Karriere zerstört hat: Entweder könne sie mit den Männern laufen oder sich einer medikamentösen Behandlung unterziehen, die ihren Testosteronspiegel auf ein »akzeptables« Niveau senkt. Und das, obwohl bis heute keine wissenschaftliche Erkenntnis darüber vorliegt, dass Testosteron die sportliche Leistung erheblich verbessert. Gleichzeitig wird der Schwimmer Michael Phelps bewundert, denn sein Körper bildet unterdurchschnittlich viel Laktat, wodurch er stundenlang ohne Ermüdungserscheinungen trainieren kann. Ein Glück für ihn, dass nie jemand willkürlich entschieden hat, Laktat zu vergeschlechtlichen.

Einen Körper »außerhalb der Norm« zu haben ist praktisch eine Bedingung für den Profisport, aber offenbar gibt es einige Normen, deren Überschreitung weniger vertretbar ist. Einige dieser Fälle zeigen außerdem, wie Gender und *Race* miteinander verwoben sind: Aufgrund rassistischer Stereotype wird die Weiblichkeit Schwarzer Frauen wie Caster Semenya oder Serena Williams eher infrage gestellt als jene weißer Sportlerinnen.

Das Weiblichkeitsideal westlicher Gesellschaften beruht auf dem Bild der weißen Frau.

Außerdem zeigen diese gegensätzlichen Fälle, dass das Gender, also das soziale Geschlecht, dem Sex, also dem biologischen Geschlecht, vorausgeht. Die Kategorien »Mann« und »Frau« werden nicht ausgehend von Genitalien oder Hormonen definiert, sondern andersherum: In unseren Gesellschaften muss sich das biologische Geschlecht nach den strengen Grenzen des sozialen Geschlechts richten. Die Einteilung der Gesellschaft in zwei Geschlechtsklassen erzeugt erst die Kategorien »Mann« und »Frau« und schreibt den unterschiedlichsten Körpermerkmalen Bedeutung zu, damit diese Klassifizierung überhaupt möglich ist. Zu dieser radikalen Schlussfolgerung sind Feminist*innen wie Christine Delphy schon vor langer Zeit gekommen, doch bisher ist sie noch nicht bis zur Allgemeinheit durchgedrungen.

Der richtige Mann

Bevor ihr mir aufs Wort glaubt, lest lieber bei den Menschen nach, deren Gedanken ich hier zitiere und ganz grob wiedergebe. Zumindest eines solltet ihr aber aus alldem mitnehmen: Gender ist etwas, das wir machen, das bestätigt, geprüft und wiederholt wird, jeden Tag und unser Leben lang. Für Männer bedeutet das, dass sie sehr viel Zeit darauf verwenden müssen, ihre Männlichkeit unter Beweis und andere Männer auf die Probe zu stellen. Da das Männlichkeitszertifikat nur eine kurze Gültigkeit hat, muss man es regelmäßig erneuern und die eigene Mannhaftigkeit wieder und wieder untermauern.

Dazu können harmlose kleine Dinge dienen. Zum Beispiel kann man einander jeden Tag fünfzehnmal mit »Hey Mann!« begrüßen. Oder vielleicht kann man mit seiner Kleidung eine farbenfrohe Palette von Grau bis Beige zur Schau stellen. Auf keinen Fall darf man weibliche Cocktails trinken, denn ja, sogar ganz ohne Chromosomen haben auch Getränke ein Geschlecht: Ein Cosmopolitan ist weiblich, eine Maß dunkles Bier ist männlich. Wenn man dazu aufgefordert wird, einen weiteren Shot zu trinken, lässt sich Männlichkeit auch durch automatische Einwilligung beweisen. Oder durch einen ausgeprägten Konkurrenzdrang. Oder durch die Bewunderung für jemanden, der »Eier in der Hose« hat. Mit alldem lässt sich beweisen, dass man ein Mann ist – und im besten Fall ein richtiger.

Der richtige Mann ist ein nebulöses Konzept, aber wir alle wissen, wovon die Rede ist: vom Alphamann, vom Macho, vom attraktiven, schwanzgesteuerten, erfolgreichen, maskulinen harten Kerl. Wie ein namhafter französischer Maskulinist es einst ausdrückte: »Ich habe einen zwanzig Zentimeter langen Schwanz, eine geile Frau und ein Ingenieursgehalt« –

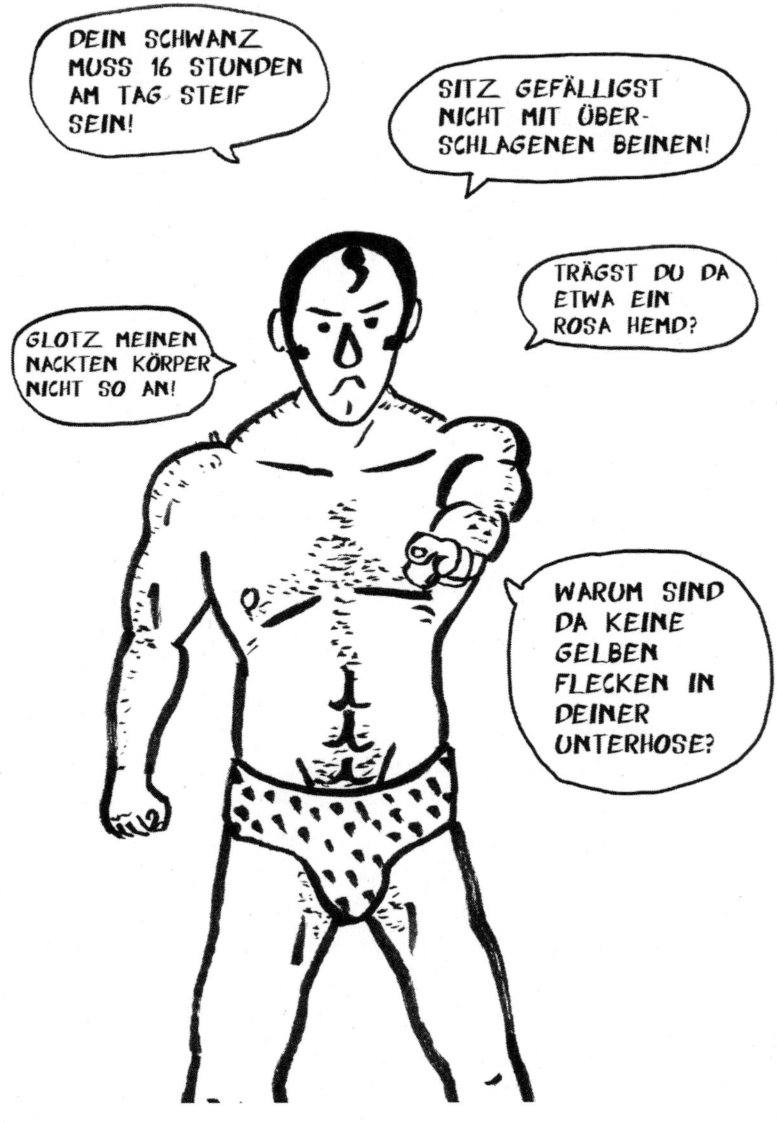

eine Großspurigkeit, die die Ambitionen dieses maskulinistischen Unternehmers gut zusammenfasst, der Marine Le Pens rechtsradikale Partei verlassen hat, um angehenden *richtigen Männern* Fortbildungen anzudrehen.

Denn die Existenz von richtigen Männern impliziert die Existenz von anderen Männern. Als »falsche« Männer würde man diese nicht unbedingt bezeichnen, aber eben auch nicht als *richtige Männer* ... Vielleicht sind sie zu klein, zu dick, zu unsportlich oder hatten noch nie eine Freundin. Oder sie gehören zu einer niedrigen sozialen Schicht und werden dadurch entmännlicht. Vielleicht arbeiten sie in einem zu weiblichen oder zu wenig wertgeschätzten Beruf, zum Beispiel als Krankenpfleger oder Müllwerker. Oder sie haben eine Behinderung und werden daher von anderen als weniger sexuell fähig oder weniger maskulin wahrgenommen. Doch der absolute Anti-Mann ist, fast schon per Definition, der schwule Mann.

Ein schwuler Mann tut alles, was ein Mann nicht tun darf. Indem er seine Zuneigung und sein sexuelles Begehren gegenüber anderen Männern äußert, begibt er sich in die schamhafteste Position überhaupt, die dem richtigen Mann vollkommen widerspricht: Er feminisiert sich. Aus diesem Grund stellen homofeindliche Klischees schwule Männer meist als Tunten dar, die beim Sex passiv sind (»wie so ein Weib halt«), als Kinder mit Barbies spielen und als Erwachsene Poppers konsumieren und im Darkroom mehrere Sexualpartner haben. Diese absolut legitimen Arten der Lebensführung werden aber vor allem deshalb als negativ angesehen, weil sie die Hetero-Lebensweise infrage stellen (darauf werden wir noch einmal zurückkommen).

Warum von »Männlichkeiten« im Plural die Rede ist

Tatsächlich gibt es nicht nur eine Vorstellung von Männlichkeit, nicht nur eine monolithische Norm, sondern jede*r von uns verhandelt jeden Tag sein*ihr Verhältnis zur Männlichkeit neu, auch Frauen, die durchaus maskulin sein können (ebenso wie Männer feminin sein können). Die Soziologin und Männlichkeitsforscherin Raewyn Connell hat entsprechend ein Modell mit vier größeren Kategorien entwickelt:

1. **Hegemoniale Männlichkeit** bezeichnet die Gesamtheit der Praktiken, die die dominante Stellung der Männer in einer gegebenen Gesellschaft sicherstellen. Dazu zählt zum Beispiel, in Frankreich immer Männer zum Präsidenten zu wählen oder Witze über den Platz der Frau zu reißen (»in

der Küche« – Bravo! Was für ein origineller und überaus witziger Komiker du doch bist).

2. **Komplizenhafte Männlichkeit** bezeichnet die Praktiken von Männern, die den Standards der hegemonialen Männlichkeit nicht entsprechen, aber trotzdem von deren Institutionen und Privilegien profitieren. Zu nennen wären hier die Gehaltsunterschiede zwischen Männern und Frauen sowie die Tatsache, dass erst Mama kocht und sich dann die Ehefrau um die Kinder kümmert. In diese Kategorie fallen die meisten Männer.

3. **Untergeordnete Männlichkeit** wird von der hegemonialen Männlichkeit dominiert. Ihre Rechte werden nicht anerkannt, schon allein ihre Existenz ist ein Schreckgespenst. In diese Kategorie fallen vor allem schwule und trans Männer.

4. **Marginalisierte Männlichkeit** ist schließlich jene Männlichkeit, die hegemonial sein könnte, wenn sie nicht aufgrund nicht-geschlechtlicher Aspekte wie *Race* oder Klasse davon ausgeschlossen wäre. Hegemonie lässt sich eben schwer durchsetzen, wenn man Müllwerker ist.

Jeder Mann kann, je nach Kontext und Zeitpunkt, an einer dieser Formen von Männlichkeit teilhaben. Aber Männer sind in dieser Hinsicht nicht alle gleichberechtigt. Es handelt sich bei diesem Modell nicht um ein Büfett, an dem man sich frei bedienen kann, sondern eher um eine Gesamtheit von Positionen, die man einnehmen darf oder nicht. Wenn du ein weißer, reicher, heterosexueller und gesunder Mann bist, wird es dir leichter fallen, hegemoniale Männlichkeit zu praktizieren. Dann kannst du sogar entscheiden, dass ein *Man Bun* (ein Dutt bei Männern) für einen richtigen Mann akzeptabel ist, und die Welt wird dir zustimmen, weil du mächtig bist.

Bist du allerdings Schwarz, dann gehst du immer, wenn du zum Beispiel durch Sport deine Männlichkeit beweisen willst, das Risiko ein, mit rassistischen Stereotypen konfrontiert zu werden. Bist du jüdisch oder asiatisch, dann musst du dir umso mehr Mühe geben, um zu beweisen, dass auch du maskulin sein kannst. Sitzt du im Rollstuhl, dann nehmen dich andere schlicht und ergreifend nicht als sexuelles Wesen wahr.

Die Sache wird noch etwas komplizierter, wenn man bedenkt, dass auch Frauen in dynamischen Verhältnissen zu diesen Männlichkeiten stehen. Manche können sich dafür entscheiden, sich im Streben nach Hegemonie mit den Männern zu verbünden, zum Beispiel indem sie sich Sexualpartner suchen, die der dominanten Vorstellung weitestgehend entsprechen, oder indem sie ihre Partner dazu antreiben, noch stärker nach diesem Ideal zu streben. Aus feministischer Sicht ist das zu bedauern. Aber man muss sich auch klarmachen, dass nicht alle Frauen in der Heterosexualität gleich positioniert sind und manchen gewisse Möglichkeiten der persönlichen Emanzipation zum Beispiel aufgrund ihrer sozialen Stellung nicht zur Verfügung stehen. Daher ist das Streben nach der relativen Sicherheit an der Seite eines »erfolgreichen« Mannes an sich keine so abwegige Überlegung. Genau darauf bauen dann auch die Männer bei ihrer Suche nach einer Ehepartnerin.

Das Verhältnis von Frauen und Männlichkeit kann sich auch darin äußern, dass sie ihre Codes übernehmen, wenn sie das dürfen. Um sich Respekt zu verschaffen, können sich Frauen, die in einem männlich geprägten Umfeld aufwachsen, männliche Eigenschaften aneignen, zum Beispiel über ihre Kleidung, über ihre Frisur oder sogar über eine tiefere Stimme. Natürlich sind Frauen ebenso wie Männer zu Aggression, Derbheit oder Frauenfeindlichkeit in der Lage. Doch auch wenn sie gewisse Details der hegemonialen Männlichkeit verkörpern können, leben sie unter der ständigen Bedrohung, brutal in die Schranken ihrer Weiblichkeit verwiesen zu werden. Etwa wenn sie nach der Geburt eines Kindes plötzlich in der Versenkung verschwinden, wenn ihr Partner ihnen Gewalt antut oder wenn sie in öffentlichen Verkehrsmitteln belästigt werden. Und wenn sie »zu« maskulin werden, wird ihnen Homosexualität unterstellt (ob das nun stimmt oder nicht), natürlich mitsamt dem Stigma, der Ablehnung und der Gewalt, die damit einhergehen. Eine maskuline Frau zu sein ist ein gefährlicher Drahtseilakt.

Will man Männlichkeit also erforschen, muss man dieses Wort in den Plural setzen. Darüber hinaus darf man nicht vergessen, dass die soziale Stellung der Männer nicht homogen ist, sondern immer mit Aspekten wie Klasse, *Race*, Behinderung etc. verschränkt ist. Bei aller Nuanciertheit dürfen wir aber auch das große Ganze nicht aus den Augen verlieren. Betrachtet man Männlichkeiten unter dem Mikroskop, vergisst man dabei leicht, dass zur Bekämpfung männlicher Herrschaft oft ein Bulldozer notwendig ist.

Damit schließe ich dieses erste Kapitel, mit dem ich so eindeutig und präzise wie möglich eine Einführung in komplexe und viel diskutierte Konzepte geben wollte. In den nächsten Kapiteln werde ich deutlich praktischer. Es wird um Testosteron gehen, um Beziehungen zwischen Männern und Frauen, um Vaterschaft und um eine ganze Menge weiterer Themen, die euch sicher bekannt vorkommen werden, wenn ihr Männer seid oder in eurem Leben schon einmal mit einem zu tun hattet. Ja, ich habe ein breites Zielpublikum vor Augen.

Zur Vertiefung:

Butler, Judith (1991): *Das Unbehagen der Geschlechter.* Aus dem Amerikanischen von Katharina Menke. Frankfurt am Main: Suhrkamp.
Der Grundlagentext der Queer-Theorie, in dem Judith Butler seine*ihre Vorstellung der Performativität von Geschlecht darlegt. Aber Vorsicht: Butler hat Foucault gelesen und diskutiert zuweilen Theorien von Lacan, also bereitet euch auf eine mühselige Lektüre vor. Es ist wirklich kein Wunder, dass dieser Text so oft missverstanden wird (beschwert euch bitte bei meinem Verlag, wenn ihr der Meinung seid, dass ich selbst nichts davon begriffen habe – ich habe mein Bestes gegeben).

Connell, Raewyn (2014): *Der gemachte Mann. Konstruktion und Krise von Männlichkeiten.* 4., durchgesehene und erweiterte Ausgabe. Herausgegeben von Michael Meuser und Ursula Müller. Wiesbaden: Springer Fachmedien.
Dieser Band enthält einige Texte von Raewyn Connell, der Soziologin, die die Männlichkeitsforschung begründet hat. Darin hat sie verschiedene Konzepte entwickelt, die bis heute genutzt werden (zum Beispiel das Konzept der hegemonialen Männlichkeit) und die die bisherigen Seiten dieses Buches in hohem Maße beeinflusst haben.

Picquart, Julien (2013): *Ni homme, ni femme. Enquête sur l'intersexuation.* Paris: La Musardine.
Anhand zahlreicher Interviews mit intergeschlechtlichen Menschen (also Menschen mit körperlichen Merkmalen, die aus medizinischer Sicht sowohl der Kategorie »männlich« als auch der Kategorie »weiblich« entsprechen) erläutert der Journalist Julien Picquart, wie die Gesellschaft alles dafür tut, die Natur entsprechend ihrer eigenen Idealvorstellung von »der Natur« zu verbiegen. Er stützt sich vor allem auf Arbeiten der Feministinnen Colette Guillaumain und Monique Wittig und zeigt so, wie Intergeschlechtlichkeit unsere vorgefertigten Ideen von biologischem und sozialem Geschlecht infrage stellt.

2. Woran erkennt man einen Mann auf der Straße?

All diese Theorien über Gender und Sex sind ja schön und gut: Wir stellen alles infrage, ziehen unsere Vorurteile in Zweifel, öffnen unsere Chakren ... Aber während wir so auf die Post-Gender-Utopie warten, von der die Queer-Theorie ausgeht, beziehungsweise auf die Post-Sex-Dystopie, dieses Schreckgespenst der *Manif Pour Tous*[1] (kommt beides in etwa auf dasselbe raus), leben wir noch immer in einer Welt mit Männern und Frauen und sehr wenig dazwischen, und in dieser Welt müssen wir uns zurechtfinden.

Wie also gehen wir Tag für Tag vor, um auch ohne medizinische Untersuchung genau zu wissen, dass wir es mit einem Mann zu tun haben? Was tun Männer, um der Welt zu zeigen, dass sie keine Frauen sind? Bei alldem handelt es sich um weitestgehend unbewusste Prozesse. Wenn wir jedoch ein bisschen darüber nachdenken, entdecken wir einige versteckte Vorannahmen. Es folgt eine unvollständige Liste an Indizien, die nahelegen, dass wir es mit einem Mann zu tun haben.

Stehen wie ein Mann

Körperhaltung ist unglaublich wichtig. Ein richtiger Mann steht aufrecht wie ein erigierter Schwanz. Ungerade und asymmetrische Haltungen sind was für Frauen. Es ist kein Wunder, dass Heteromänner als Erstes das Handgelenk abknicken, wenn sie eine »Schwuchtel« nachäffen wollen. Wenn sie auch nur minimal schauspielern können, verlagern sie ihr Körpergewicht auf nur ein Bein. Das bringt die Hüften zur Geltung (ich persönlich mache das ständig). Ein Heteromann hingegen ist stark und verbiegt sich für

1 Anm. d. Übers.: *Manif Pour Tous* ist eine homo- und transfeindliche Bewegung, die 2012 als Reaktion auf die Vorstöße zur gesetzlichen Gleichstellung homosexueller Paare im französischen Ehe- und Adoptionsrecht gegründet wurde. Vor dem Inkrafttreten dieses Gesetzes im Mai 2013 gelang es der Bewegung, Demonstrationen mit etwa 300.000 Teilnehmenden durchzuführen. Analog dazu gründete sich in Deutschland etwas später die christlich-fundamentalistische *Demo für Alle*.

nichts auf der Welt. Seine Körperhaltung gleicht der eines Soldaten in Habachtstellung oder der von Superman – er drückt mit ihr seine Macht aus.

Sitzen wie ein Mann

Frauen, die einen Rock tragen, müssen die Beine aneinanderpressen, und zwar aus Schamgefühl. Oder tragen sie etwa nur deshalb Röcke, damit sie sich daran gewöhnen, die Beine aneinanderzupressen? Männer hingegen leiden offenbar am eingebildeten Eier-aus-Glas-Syndrom, sodass sie die

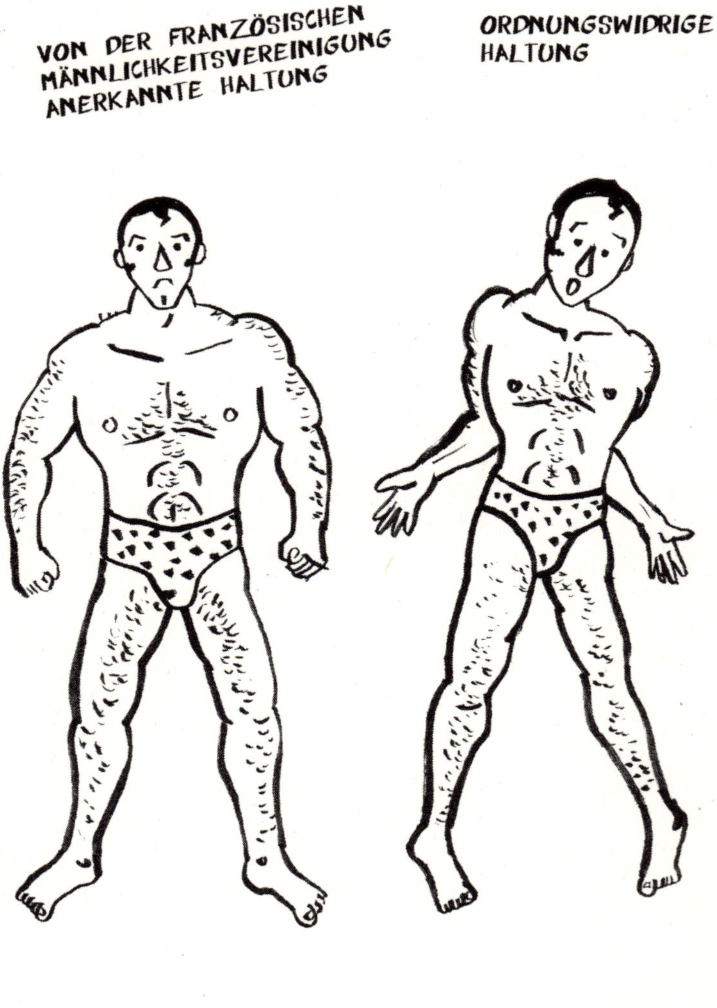

Beine weder überschlagen noch beieinanderhalten können. Zumindest behaupten manche Männer das, wenn man sie auf ihr Manspreading hinweist, also auf ihre beim Sitzen so weit wie möglich gespreizten Beine, vorzugsweise zur Stoßzeit in der U-Bahn. Die Beine zu überschlagen oder beieinanderzuhalten scheint Tunten und Schwuchteln (als Mitglied der LGBTI-Community darf ich diese Worte übrigens liebevoll nutzen, ihr hingegen nicht – zumindest nicht, wenn ihr die Geschmacklosigkeit besitzt, heterosexuell zu sein) komischerweise keinerlei Schmerzen im Hodenbereich zu bereiten. Das breitbeinige Sitzen bringt man Männern bei, um ihnen zu verdeutlichen, dass sie ein Anrecht auf öffentlichen Raum haben. Anscheinend betrachten sie ihr Geschlechtsteil als äußerst eroberungslustig, der Penis ist immer auf Abenteuer gepolt, während Frauen ihre Beine schließen, um ihre Vulven vor phallischen Angriffen zu schützen.

Sich (nicht) rasieren wie ein Mann

Nur Männer *rasieren* sich. Frauen hingegen rasieren sich die Beine, die Achseln ... Männer »rasieren« sich, Punkt. Wenn man dasselbe über Frauen sagt, entsteht eine Leerstelle im Gespräch, vor Scham oder vor Unverständnis. Männer rasieren sich nur das Gesicht, denn ein *richtiger Mann* rührt seine restliche üppige Körperbehaarung nicht an. Oft ist er darauf sogar ein bisschen stolz.

Natürlich liegt dem männlichen Rasurverhalten ein komplexes politisches System zugrunde. Als ich noch als bärtiger Mann gelebt habe, hat man mich nie der islamistischen Radikalisierung bezichtigt, schließlich bin ich so weiß wie eine Aspirintablette oder ein Unternehmensvorstand. Wenn du ein *Jugendlicher aus einem sozialen Brennpunkt* bist (so drückt man es aus, wenn man nicht rassistisch klingen will), dann gehen mit deinem Bartwuchs auch Terrorismusbeschuldigungen, Polizeigewalt und schlechtere Aussichten auf Jobs oder eine Wohnung einher ...

Man könnte eine ganze Geschichte über den Bart und das Verhältnis der Männer zu diesen Haaren schreiben – über die Männer mit schönen Bärten, über die Männer ohne Bart, über Männer, die damit ihrer Männlichkeit Nachdruck verleihen oder einen femininen Aspekt kompensieren wollen. Sind Bärte aus diesem Grund wieder zur Hipster-Mode geworden, nachdem das Phänomen Metrosexualität in den 2000er Jahren endgültig verschwunden ist?

MASKE UNTER DER NASE,
WEIL ER NICHT KAPIERT HAT,
WIE ATMUNG FUNKTIONIERT.
HAND AUF DEN EIERN, UM SICHERZUGEHEN, DASS SIE NOCH DA SIND.
EIN METER ABSTAND ZWISCHEN DEN KNIEN – DER EINZIGE SICHERHEITSABSTAND, DEN ER RESPEKTIERT.

Gehen wie ein Mann

Inzwischen habt ihr sicher verstanden, dass dieses Kapitel zum Teil Dinge auflistet, die ich gelernt habe, um im Alltag mein weibliches *Passing* zu verbessern, also um dafür zu sorgen, dass meine Mitmenschen mich als Frau wahrnehmen. Überraschenderweise habe ich dabei die spektakulärsten Ergebnisse tatsächlich durch meinen Gang erzielt.

Wenn ein Mann geht, liegt sein Schwerpunkt im Oberkörper, etwa bei den Schultern. So nimmt er mehr Platz ein und kann andere wegschubsen. Die meisten Menschen gehen ihm aber sowieso freiwillig aus dem Weg. Frauen hingegen lernen, ihren Schwerpunkt in die Hüften zu verlagern. So ist ihr Gang, auch ohne gleich wie Models oder Drag Queens gehen zu müssen, flüssiger.

Ein Mann geht strikt geradeaus und weicht für nichts und niemanden vom Weg ab – schon gar nicht für eine Frau. Zumindest haben Feministinnen das mit einem Videoprojekt beweisen wollen, das auf eine Idee der Aktivistin Beth Breslaw zurückging und in den sozialen Medien geteilt wurde.[2] Dafür haben sie sich im *Manslamming* geübt, sind also im öffentlichen Raum bewusst »wie Männer« gegangen und anderen Menschen nicht mehr ausgewichen. Ergebnis: Sie stießen mit vielen Männern zusammen und nur mit sehr wenigen Frauen, da diese es gewohnt sind, aus dem Weg zu gehen. Und die Männer beschwerten sich meist über diese Feministinnen und begriffen dabei nicht, dass sie für diesen Zusammenstoß gleichermaßen verantwortlich waren.

Ein Mann lächelt nicht

Passing spielt auch am Telefon eine Rolle. Das habe ich von trans Männern gelernt, die die Nase voll davon hatten, bei einer Pizzabestellung mit »Frau« angesprochen zu werden. Wenn du anderen zeigen willst, dass du ein Mann bist, solltest du während eines Gesprächs nicht lächeln, auch nicht am Telefon. Ein Lächeln sorgt dafür, dass deine Stimme weicher, höflicher und sympathischer klingt. Ein richtiger Mann muss bei einer Pizzabestellung offenbar feindselig und abweisend klingen. Er bittet nicht, er fordert, und Höflichkeit spielt dabei keine Rolle.

2 Roy, Jessica (2015): »What happens when a woman walks like a man?«, https://www.thecut.com/2015/01/manslamming-manspreading-microaggressions.html

Ein Mann weint nicht

Der Legende nach weint ein Mann nur ein einziges Mal, und zwar bei seiner Geburt. Einige Ausnahmen gibt es aber schon: Ein Mann darf auch weinen, wenn sein Team die Fußball-Weltmeisterschaft gewinnt. Und höchstens noch dann, wenn ein Familienmitglied stirbt. In diesen Fällen stehen ihm eine einzige Träne und völlige Gefasstheit am besten zu Gesicht. Unbeherrschtes Schluchzen, wenn Simba in *König der Löwen* seinen Vater Mufasa aufwecken will, ist allerdings nur was für Heulsusen, tut mir leid, ich mach die Regeln nicht (und natürlich hat das Wort »Heulsuse« das feminine Genus).

Insgesamt ist es nicht empfehlenswert, seine Gefühle zu zeigen. Abgesehen natürlich von Wut, der männlichen Emotion schlechthin. Das ist einer der Gründe dafür, dass Autismus bei Frauen angeblich schwerer festzustellen ist. Frauen lernen nämlich, Gefühle zu zeigen, während Männern tendenziell eher nicht beigebracht wird, zu lächeln und emotional zu sein. Deshalb praktizieren Männer seltener das, was man als »Masking« bezeichnet. Zumindest auf diesem Gebiet täuschen Männer also nichts vor. Forschungsergebnissen und aktivistischen Autismusverbänden zufolge könnte das erklären, warum bei Männern häufiger Autismus diagnostiziert wird.[3]

Ein Mann begibt sich in Gefahr

Ein richtiger Mann schnallt sich nicht an, wenn er betrunken mit 180 km/h über eine Landstraße brettert. Selbstverständlich behauptet er, Männer seien die besseren Fahrer. Allerdings verursachen sie die meisten Unfälle, bringen also sich selbst und andere in Lebensgefahr. Und das nicht nur auf der Straße. Sich um seine eigene Sicherheit zu sorgen ist nicht gerade etwas extrem Männliches.

Als ich meinen Führerschein ganz frisch hatte, habe ich meinen Bruder einmal zum Supermarkt gefahren, und weil ich für seinen Geschmack zu vorsichtig war, meinte er: »Du hast später bestimmt nur so Weiberunfälle.« Anscheinend deutete meine Fahrweise bereits auf meine spätere Transition hin. Zu »Weiberunfällen« gehören zum Beispiel Schrammen an der

3 Rynkiewicz, Agnieszka/Schuller, Björn/Marchi, Erik et al. (2016): »An investigation of the ›female camouflage effect‹ in autism using a computerized ADOS-2 and a test of sex/gender differences«. In: *Molecular Autism*, *7* (10).

Karosserie beim Einparken vor Douglas, während »Männerunfälle« eher beinhalten, dass man durch die Windschutzscheibe geschleudert wird und das Gehirn über mehrere Meter den Asphalt verklebt. Glücklicherweise hatte keine*r von uns beiden seitdem einen Männerunfall. Aber warum werden Männer dazu angetrieben, emotionslose, todesmutige Maschinen zu sein? Diese Frage wird uns noch über die gesamte Länge dieses Buches beschäftigen, also nur Geduld.

Den Planeten zerstören wie ein Mann

Auf den Planeten achten? Kommt für viele Männer überhaupt nicht infrage. Verschiedene Studien zeigen, dass Männer ihren Müll seltener trennen und im Durchschnitt häufiger klimaskeptisch sind.[4] Vielleicht hängt das mit dem vorigen Punkt zusammen: Will man beweisen, dass man keine Angst vor dem Tod hat, dann zeigt man auch keine Angst davor, dass wir alle sterben werden. Ein richtiger Mann ist davon überzeugt, in einer Zukunft wie bei *Mad Max* ohne Probleme leben zu können. Er stopft sich mit blutigem Fleisch voll, denn tief im Inneren ist und bleibt er ein prähistorischer Jäger, und außerdem sind Herzinfarkte im Alter von fünfzig Jahren total sexy. Er benutzt viele Plastikbeutel und fährt ein riesiges, umweltverschmutzendes Auto, während es unter Vegetarier*innen einen sehr hohen Frauenanteil gibt, Frauen dazu angehalten sind, Seifenstücke zu raspeln, um daraus Waschmittel herzustellen, und Autohersteller großzügigerweise die kleinsten Modelle für Frauen vorgesehen haben (auch wenn meistens Frauen die Kinder von der Schule abholen und einkaufen fahren).

Mehr Geld verdienen wie ein richtiger Mann

Dieser Punkt sorgt zwischen Feminist*innen und Maskulinist*innen für endlose Debatten: Verdienen Männer wirklich mehr als Frauen? Insgesamt lässt es sich nicht abstreiten, die Faktenlage ist klar. Aber Antifeminist*innen begründen das damit, dass Frauen eben andere Karrierewege beschreiten: Anstatt als Vorstandsvorsitzende oder Präsidentin zu arbeiten, werden sie Krankenpflegerin, Lehrerin oder Kassiererin in Teilzeit – selbst schuld,

4 Desrochers, François (2019): »La masculinité toxique contre la planète«, https://iris-recherche.qc.ca/blogue/environnement-ressources-et-energie/la-masculinite-toxique-contre-la-planete/

die dummen Gänse! Darauf ließe sich entgegnen, dass die Gesellschaft vor allem Frauen auf diese unterbezahlten Berufe ausrichtet. Und aus welchem Grund werden Lehrer*innen eigentlich so schlecht bezahlt, obwohl sie doch so eine wichtige Arbeit leisten? Doch nicht etwa, weil größtenteils Frauen diesen Beruf ausüben?

Allerdings darf man nicht vergessen, dass auch der soziale Hintergrund eine Rolle spielt. Selbstverständlich verdient nicht jeder Mann mehr Geld als jede Frau. Angaben des französischen Arbeitsministeriums zufolge erfährt beispielsweise ein als maghrebinisch gelesener Mann auf dem Arbeitsmarkt tendenziell mehr Diskriminierung als eine Frau mit demselben Hintergrund.[5] Ich wiederhole es noch einmal: Klasse, *Race*, Gesundheit und viele andere Faktoren verkomplizieren Geschlechteranalysen. Das heißt aber nicht, dass diese dadurch hinfällig werden.

Also, trifft all das auf jeden einzelnen Mann zu? Nein, natürlich nicht. Im Gegenteil, es ist möglich, dass ein Mann sich in diesem nachgezeichneten Standardbild überhaupt nicht wiedererkennt, weil er grün wählt, weniger verdient als seine Frau und im Übrigen mega feministisch ist. Ich vermute sogar, dass das auf die meisten Männer zutreffen wird, die dieses Buch lesen. Und doch sind all diese ach so anderen Männer unterm Strich noch immer Männer.

Später werde ich noch darauf eingehen, dass es auch Männer gibt, die sich ihrer Männlichkeit über ein Anti-Macho-Verhalten rückversichern. Tja, was soll ich sagen, Geschlecht ist eben kompliziert. Die obige Liste bündelt einige Anzeichen, einige würden eher sagen: unbegründete Vorurteile. Dem möchte ich allerdings widersprechen, denn die Datenlage zeigt eindeutig, dass Männer im Durchschnitt mehr Fleisch essen, mehr Geld verdienen etc. Mit einer bloßen allgemeinen Beschreibung kommt man aber in der Tat nicht weit. Beschränkt man sich darauf, läuft man sogar Gefahr, diese Unterschiede als naturgegeben auszugeben. Also werden wir uns jetzt *natürlich* diese ganze Sache mit der Biologie und der Evolution näher ansehen, die, wie es scheint, alles, *alles* (alles!) über Penisse und die Männer, die daran hängen, erklären kann.

5 Foroni, Fabrice/Ruault, Marie/Valat, Emmanuel (Dezember 2016): »Discrimination à l'embauche selon ›l'origine‹: que nous apprend le testing auprès de grandes entreprises?«, *Dares Analyses*, https://dares.travail-emploi.gouv.fr/publications/discrimination-a-l-embauche-selon-l-origine-que-nous-apprend-le-testing-aupres

3. Darwins Schuld?

Im gesamten ersten Teil dieses Buches widme ich mich der männlichen Natur – bisher habe ich aber noch gar nicht so viele Worte über die Natur verloren. Vielleicht denkt ihr euch: »Also, diese ganze Sache mit der Gesellschaft, der vergeschlechtlichten Kleidung und den kulturellen Aspekten ist ja schön und gut, aber wenn wir uns davon mal abwenden, zur Natur zurückkehren und die Füße in den Schlamm stecken, dann stoßen wir doch wieder auf den Kern authentischer Männer und Frauen. Auf die Menschen, die wir ohne unsere Unterwäsche, unsere Smartphones und unsere guten Manieren sind. Chromosomen, Testosteron, Evolution und Höhlenmenschen in ihren Tierhautfetzen – das ist doch die menschliche Natur, oder etwa nicht? Dort finden wir das Urbild des *echten* Mannes, des ungeschliffenen Männchens, das sich immer noch im tiefsten Inneren des modernen Mannes versteckt, auch wenn der inzwischen dreiteilige Anzüge trägt und beim Verteidigungsministerium arbeitet.«

Die verbreitete Ansicht, laut der der *Homo sapiens* in seiner heutigen Form das Ergebnis der natürlichen Auslese nach Darwin ist, lässt sich nicht leugnen (sorry an alle Leser*innen, die jetzt einen Exkurs über einen Schöpfergott erwartet haben!), ist zugleich aber stark vereinfacht. Wir Menschen sind das Ergebnis von weitaus mehr Faktoren! Will jemand uns auf eine Ansammlung von Klischees über »Evolution«, »Instinkte« und »Gene« reduzieren, hat er dabei meist die Vorstellung eines Naturzustandes im Kopf, zu dem wir zurückkehren sollten. Dieser Vorstellung liegen außerdem Intentionen zugrunde, die alles andere als »rational und apolitisch« sind. Der »evolutionistische« Diskurs, den die Medien nur allzu gern mit unhinterfragten Formulierungen wie »so hat die Evolution uns eben gemacht, das können wir nicht ändern« nachplappern, ist keineswegs neutral. Nehmen wir als Beispiel eine bei so manchem Evolutionstheoretiker beliebte Frage – ein Thema, das uns alle brennend interessiert: Brüste.

Warum haben Frauen eigentlich Brüste (und Männer nicht)?

Im Grunde genommen sind Brüste gar nicht so normal: Frauen sind die einzigen weiblichen Säugetiere, die außerhalb der Laktationsperiode vorgewölbte Brüste haben. Wozu das? Sind doch nur zwei große Ansammlungen von Fettgewebe ohne erkennbare Funktion. Beim Sport sind sie eher hinderlich und ab einer gewissen Größe verursachen sie Rückenschmerzen.

Äußerst ernstzunehmende Forscher (zumeist Männer) haben sich also mit dieser Frage befasst und sind zu dem Schluss gekommen, dass Brüste durchaus eine Funktion haben: Sie dienen der Lustbefriedigung von heterosexuellen Männern. Was für ein witziger Zufall! Folgendes hat beispielsweise der Zoologe Desmond Morris in seinem 1967 erstmals erschienenen Werk *Der nackte Affe* formuliert:[1]

> Die Antwort steht so fest wie der Busen: Die halbkugelig vorgewölbten Brüste sind sicherlich Kopien der fleischigen Hinterbacken, die scharf begrenzten roten Lippen des Mundes solche der Labien.

Die Annahme, dass sich Brüste zur Erregung von Männern herausgebildet haben, die vom primitiven Doggystyle zur zivilisierten Missionarsstellung übergegangen sind, wird noch heute von vielen Populärwissenschaftlern vertreten, die offenbar nicht mitbekommen haben, dass Doggystyle noch immer praktiziert wird. Doch diese wirre These ist das einzige wissenschaftliche Argument, das Desmond Morris zur Stützung seiner Theorie vorweisen kann. Und diese Theorie sagt vermutlich vor allem sehr viel darüber aus, wie er und seinesgleichen Frauen sehen.

Ihr dachtet vielleicht, dass ich mich mit dem Thema Brüste vom eigentlichen Gegenstand dieses Buches entfernen würde (es geht um Männer, falls jemand von euch das immer noch nicht so ganz mitbekommen hat). Wenn sich die Wissenschaft allerdings mit Brüsten befasst, dann meist zunächst aus einer männlichen Position heraus, weil Wissenschaftler*innen historisch betrachtet größtenteils Männer waren. Sie haben die weibliche Brust erotisiert und daraus ein biologisches und psychoanalytisches Forschungsobjekt gemacht. Die Obsession mit Brüsten ist ein bezeichnendes Beispiel für das, was sich unter der Oberfläche der Evolutionspsychologie abspielt. Da es dieser Disziplin an belastbarer Methodik mangelt, könnte man ver-

1 Morris, Desmond (1968): *Der nackte Affe.* Aus dem Englischen von Fritz Bolle. München, Zürich: Droemer Knauer.

muten, dass es sich dabei, unter dem wissenschaftlichen Anstrich, um eine Ansammlung reaktionärer Ideen über unsere angebliche »Natur« handelt.

Ein Mann betrügt seine Frau? Tja, Polygamie liegt eben in unserer Natur! Frauen sollen Arbeit, Haushalt und Kindererziehung alleine schultern? Na klar, schließlich sind sie genetisch für das Multitasking programmiert! Männer belästigen und vergewaltigen junge Frauen auf der Straße? Der Mann ist eben ein Raubtier, da kann man nix machen. Solche oder ähnliche Erklärungen hören wir allzu oft, aber im Kern handelt es sich dabei um bloße sexistische Vorurteile im pseudowissenschaftlichen Gewand.

Einfach so zum Spaß könnte man ohne Weiteres alles und jede*n mit der »plausiblen« populärwissenschaftlichen Evolutionspsychologie erklären. Wenn Männer tatsächlich alles ficken wollen, was nicht bei drei auf den Bäumen ist, um so viele Kinder wie möglich zu zeugen, könnte man daraus schließen, dass Frauen große Brüste entwickelten, um ihre Fruchtbarkeit zu signalisieren und die besten Zeuger anzulocken. Dabei würde man aber außer Acht lassen, dass manche Männer kleinere Brüste bevorzugen und Brüste in manchen Gesellschaften gar nicht so stark erotisiert werden wie in unserer, sodass sich Frauen problemlos oben ohne in der Öffentlichkeit aufhalten können. Geht man hingegen davon aus, dass Männer nur wenige Kinder zeugen wollen, damit jedes einzelne genug Nahrung und eine höhere Überlebenschance hat, dann könnten große Brüste dadurch entstanden sein, dass Frauen eine Schwangerschaft vortäuschen wollten, sodass Männer sorglos mit ihnen schlafen konnten, ohne dabei weiteren Nachwuchs zu zeugen. Damit auch ja alles logisch und folgerichtig klingt, müsste man für diese These eben ein anderes sexistisches Klischee heranziehen, nämlich das der weiblichen Heimtücke. Diese vereinfachten Darstellungen wirken auf euch sicher grotesk, aber im Ernst: Ganz so weit entfernt von dem, was in der sogenannten »Evolutions*wissenschaft*« publiziert wird, sind sie nicht.

Wie kann man also die Frage beantworten, die ich eingangs gestellt habe? Am besten, indem man ihr ausweicht: Weibliche Brüste sind ein soziales Konstrukt. Ja, ja, ihr guckt jetzt sicher an euch selbst oder anderen Frauen hinunter und stellt fest, dass die Brüste noch da sind und auch sicher nicht verschwänden, wenn ihr euch aus der menschlichen Gesellschaft zurückziehen würdet. Da habt ihr natürlich recht. Der Begriff »soziales Konstrukt« bedeutet aber etwas anderes: »Die Brüste« haben keinen inhärenten Sinn, sondern er wird ihnen von einer gegebenen Gesellschaft kollektiv zugeschrieben. Auch Männer haben Milchdrüsen. Nicht wenige Männer haben außerdem, aufgrund von Korpulenz oder Hormonen, größere Brüste als manche Frauen. Doch in unserer Kultur sind wir zu der Übereinkunft gelangt, dass Frauen Brüste haben und Männer nicht. Wir

haben der weiblichen Brust verschiedene Bedeutungen zugeschrieben: erotische, psychologische, ästhetische etc. An die männliche Brust denken wir hingegen viel seltener und machen auch nicht so ein Riesending daraus. Deshalb »haben« Frauen Brüste und Männer »haben keine«.

Über die Entstehung des »Mannes«

Selbstverständlich gehen die meisten Forscher*innen bedachtsam mit ihren Schlussfolgerungen um. Es sind ja nicht alle so wie Didier Raoult.[2] Dennoch: Selbst wenn sie in ihren Publikationen deutlich auf die Eingeschränktheit ihrer Ergebnisse hinweisen, handelt es sich dabei meist um reine Extrapolationen, die von der Presse verbreitet und bald auf der ganzen Welt von Frauenfeind*innen nachgeplappert werden. Und die richten sich nicht so gern nach der Anthropologie oder der Ethnologie, obwohl deren Methoden doch viel konkreter sind. Diese Wissenschaften beruhen auf Beobachtungen und Erfahrungen und nicht so sehr auf Hypothesen. Auch diese Disziplinen sind zwar nicht vor Vorurteilen gefeit, sehen allerdings davon ab, Geschlechterverhältnisse als »natürlich« und unveränderlich zu begreifen. Zumindest seit 1935 Margaret Meads bekanntes Werk *Geschlecht und Temperament in primitiven Gesellschaften*[3] erschien, in dem die Anthropologin ganz unterschiedliche Verständnisse von Geschlecht nachweist:

- Bei den Arapesh haben sowohl die Männer als auch die Frauen ein friedfertiges Temperament, keines der beiden Geschlechter führt Krieg.
- Bei den Mundugumor haben beide Geschlechter ein kriegerisches Temperament.
- Bei den Chambri herrscht eine klare Rollenverteilung der Geschlechter: Die Männer machen sich hübsch, während die Frauen arbeiten.

An Meads Arbeiten wurde auch Kritik geübt, und heute geht man davon aus, dass die männliche Herrschaft bestehen bleibt, auch wenn die Verteilung der Geschlechterrollen in verschiedenen Gesellschaften unterschiedlich sein kann. Die Vorstellung eines ursprünglichen Matriarchats, das

2 Anm. d. Übers.: Französischer Mikrobiologe, der 2020 mit umstrittenen Thesen zur Heilung von Covid-19 von sich reden machte.

3 Mead, Margaret (1959): *Geschlecht und Temperament in primitiven Gesellschaften.* Aus dem Amerikanischen von G. Carnegie. Hamburg: Rowohlt.

durch das Aufkommen von Landwirtschaft und Monotheismus untergegangen ist, scheint also ein Mythos zu sein. Das wiederum bedeutet aber nicht, dass immer schon alle Gesellschaften in dem einen oder anderen Maße ungleich waren.

Die Historikerin und Philosophin Claudine Cohen, die in der Paläontologie forscht, hat gezeigt, wie sehr unsere Auffassungen prähistorischer Zeiten von den Vorstellungen der Epoche und der Gesellschaft abhängen, in denen sie entstehen.[4] Das Bild von Frauen, die zu Hause blieben, während die Männer jagten, ist in erster Linie ein Produkt der frühen Paläontologie des 19. Jahrhunderts, einer Zeit also, in der man ein viktorianisches Familienmodell auf ganz unterschiedliche Gesellschaften projizierte. In Wahrheit weiß man ziemlich wenig über die Rollenverteilung der Prähistorie. Manchmal gräbt jemand ein bewaffnetes Skelett aus und entscheidet, dass das ein Mann gewesen sein muss, denn schließlich hat es immer schon ausschließlich männliche Krieger gegeben, ist doch klar. Eines Tages untersucht man die Knochen dann genauer und stellt fest: Hm, dieses Becken ist aber ganz schön feminin. Beispielsweise hat erst eine DNA-Untersuchung ergeben, dass der Wikinger-Kriegsherr von Birka eigentlich eine Kriegsherrin war[5] (wobei ich mich allerdings frage, ob Archäolog*innen eigentlich mitbekommen haben, dass es auch Frauen mit XY-Chromosomen und Männer mit XX-Chromsomen gibt).

In den Jäger-und-Sammler-Kulturen, die Forscher*innen direkt beobachten konnten, haben Frauen ganz unterschiedliche Aufgaben, die sehr wenig mit den bekannten Klischees über die Prähistorie zu tun haben: Sie laufen täglich mehrere Kilometer, um zu sammeln, Obst zu pflücken oder kleine Tiere zu fangen (womit sie einen viel wichtigeren Beitrag zur Nahrungsmittelbeschaffung leisten als durch die Jagd) und unterstützen die Jagd als Treiberinnen, während die Männer versteckt auf das Großwild warten und dann angreifen. Das hat nicht allzu viel mit den Stereotypen über männliche und weibliche Fähigkeiten zu tun, mit denen uns die Evolutionspsychologie manchmal erklären will, warum Männer angeblich einen guten Orientierungssinn haben und Frauen sich ständig verlaufen. Liest man Claudine Cohens Buch aufmerksam und gründlich, dann begreift

4 Cohen, Claudine (2009): *Femmes de la préhistoire*. Paris: Belin.

5 Pacary, Catherine (März 2020): »Le chef de guerre viking était une femme«, Le Monde, https://www.lemonde.fr/culture/article/2020/03/24/le-chef-de-guerre-viking-etait-une-femme-sur-rmc-decouverte_6034281_3246.html

man, dass es sich bei der Vorstellung der geschlagenen und an den Haaren gezogenen Cro-Magnon-Frau weniger um eine historische Tatsache handelt als um ein Abbild der Fantasien von Männern.[6] Von Männern, die sich vorstellen, zu der Zeit gelebt zu haben, und sich denken: »So hätte ich das jedenfalls gemacht.«

6 Anm. d. Übers.: Unter dem ersten Fund von fünf später als Cro-Magnon klassifizierten Skeletten im Jahr 1868 befand sich das Skelett einer Frau, die offenbar einen Schädelbruch überlebt hatte.

Die Testo-Hypothese

Wie ihr seht, sind von der Evolution keine eindeutigen Antworten zu erwarten, und das ist auch kein Wunder: Dafür sind lange Prozesse notwendig, die wir nicht mehr direkt beobachten können und die sich auch nicht in Experimenten nachstellen lassen. Aber vielleicht bringt uns die Physiologie ja weiter? Schließlich gibt es einen Verantwortlichen, der immer wieder zur Erklärung vieler Unterschiede zwischen Männern und Frauen herangezogen wird: das Testosteron. Angeblich macht dieses Hormon Männer aggressiver sowie zu besseren Sportlern und sorgt bei ihnen für eine ausgeprägtere Libido. Manchmal heißt es sogar, seinetwegen seien Jungen besser in Mathe.

Die Annahme, dass Testosteron das männliche Hormon schlechthin ist, kam im 19. Jahrhundert auf. Damals haben Zauberlehrlinge auf der Suche nach Wunderheilmitteln gegen das Altern, Impotenz und allerlei andere Übel angefangen, Medikamente aus Tiersperma zu mischen, und sich sogar in der Transplantation von Affenhoden versucht.[7] Stellt euch das mal vor: konzentrierter Männlichkeitssaft! Da steckt sicher nur Gutes drin! Seitdem hat sich die Annahme unhinterfragt gehalten, dass Testosteron so eine Art Zaubertrank sei, der Männer groß und stark mache – tja, da haben DHEA, Cortisol und die ganzen anderen Hormone in unseren Körpern wohl Pech gehabt.

Diese Annahme hat man allerdings auch dann nicht fallen lassen, als man herausfand, dass auch Frauen Testosteron produzieren. Der Mythos von Testosteron als Sockel der Männlichkeit hat die Forschung vielmehr verlangsamt: So wurde zum Beispiel die Rolle dieses Hormons beim Eisprung erst recht spät untersucht.

Dieser Mythos, demzufolge Testosteron die Essenz der Männlichkeit ist, hat auch zu anderen ziemlich lächerlichen modernen Sagen geführt. Zum Beispiel kursiert in maskulinistischen Kreisen der Begriff *soy boy* (Sojajunge). Da Soja in höheren Mengen Phytoöstrogene enthält, sei der gesteigerte Konsum in westlichen Gesellschaften verantwortlich für eine Feminisierung der Männer, ein »Phänomen«, das sich angeblich in

7 Nein, das ist kein Witz. Nachlesen lässt sich das zum Beispiel in: Voronoff, Serge (1926): *Verhütung des Alterns durch künstliche Verjüngung: Transplantation der Geschlechtsdrüsen vom Affen auf den Menschen*. Aus dem Französischen von Zoltán von Nemes Nagy. Berlin: Eigenbrödler.

niedrigen Spermienkonzentrationen, Gynäkomastie (Herausbildung einer »weiblichen« Brust), männlicher Homosexualität und Verbreitung des Feminismus niederschlage. Diese Theorie wird durch eine Ansammlung von mehr oder weniger wirren »Beweisen« gestützt: Die am wenigsten abgehobene These lautet, dass männliche Tiere bei einer Zufuhr von Phytoöstrogen eine niedrigere Spermienkonzentration aufweisen, was bei Männern allerdings nicht festgestellt wurde. Ein weiterer »Beweis«: Da in Asien durchschnittlich viel mehr Soja konsumiert wird als im Westen, seien asiatische Männer viel weniger maskulin – eine Annahme, die vor allem auf jahrzehntealten rassistischen Vorurteilen über die Größe ihrer Penisse und ihren ausgeprägten Gehorsam etc. aufbaut. Selbstverständlich ändert der hohe Pro-Kopf-Verbrauch von Soja in Asien nichts an der Tatsache, dass Südkorea und Japan regelmäßig als Länder mit vergleichsweise hoher Benachteiligung von Frauen eingestuft werden, aber halten wir uns nicht mit solch unwichtigen Details auf. Maskulinisten beleidigen andere Männer als *soy boy*, weil sie Soja mit Asiat*innen und tofuliebenden Vegetarier*innen verbinden und es deshalb in höchstem Maße entmännlichend finden. Auch in Bier befinden sich Phytoöstrogene, das scheint diese Männer aber nicht zu stören. Und glaubt mir, wenn Soja wirklich eine feminisierende Wirkung hätte, dann würde ich flaschenweise Kikkoman-Soße trinken.

Die Vorstellung von Testosteron als männliches Hormon schlechthin hat zu einer Masse an Studien geführt, in denen die Rolle des Hormons bei »typisch männlichen« Verhaltensweisen untersucht wurde. So wurden bei Männern zum Beispiel Zusammenhänge zwischen Testosteron und Risiko- und Führungsbereitschaft sowie sportlicher Leistung gesucht. Aber während es relativ leicht ist, die Fruchtbarkeit zu messen, ist es aus psychophysiologischer Sicht eher schwierig, stichhaltige Zusammenhänge zwischen einem Hormon und unklar definierten Verhaltensweisen herzustellen. Forschungen zu Risikobereitschaft und Aggression lassen beispielsweise recht oft eine Menge Vorurteile seitens der Forscher*innen erkennen, denn wie will man überhaupt definieren, was riskant ist und was nicht? Ausgehend von einer typisch männlich geprägten Sichtweise geht es dann eher um spektakuläre Risiken körperlicher Natur, wie Fallschirmsprünge, oder finanzieller Natur, wie bei Börsengeschäften an der Wall Street. Außer Acht gelassen wird dabei, dass eine Schwangerschaft statistisch gesehen viel riskanter ist als ein Fallschirmsprung oder dass Börsenspekulation mit Zehntausenden von Dollar anderer Menschen vielleicht nicht so gefährlich ist wie die Tätigkeit einer Sexarbeiterin, die ihr Leben aufs Spiel setzt, ohne dass ihr dabei Zehntausende Dollar zur Verfügung stünden.

In ihrem Buch *Testosteron: Warum ein Hormon nicht als Ausrede taugt* demontieren die Wissenschaftlerinnen Rebecca M. Jordan-Young und Katrina Karkazis die sexistischen Vorurteile, die vielen Forschungsarbeiten zu Testosteron zugrunde liegen, und zeigen, wie die verschiedenen damit verbundenen Mythen in rassistischen und klassistischen Diskursen genutzt werden.[8] Es gibt in etwa ebenso viele Studien, laut denen der Testosteronspiegel von Vorstandsvorsitzenden angeblich ihre dominante Position in der Geschäftswelt rechtfertigt (ich kann euch versichern, dass diese Studien wenig glaubhaft sind), wie es Studien zu meist nicht-weißen Gefängnisinsassen gibt, deren Hormone sie angeblich zu ultra-gewalttätigen Kriminellen gemacht haben. Das wird im Laufe dieses Buches immer wieder deutlich werden: Eigenschaften, die bei weißen Männern als akzeptabel gelten, werden bei nicht-weißen und/oder armen Männern oft als krankhaft eingestuft. Risikobereitschaft wandelt sich dann zu Verantwortungslosigkeit, und Testosteron wird vom Wunderhormon zum bestialischen Gift.

Ich für meinen Teil hatte jahrelang einen »maskulinen« Testosteronspiegel. Daher habe ich Antiandrogene genommen, sodass er auf ein niedrigeres Niveau sank als bei den meisten cis Frauen. Irgendwann lag er im »Zwischenbereich«. Danach ist er wieder gesunken. Kurzum: Ich habe alle Einstellungen ausprobiert. Als mein Testosteronspiegel zum ersten Mal sank, habe ich all diesen Studien ein wenig zu glauben begonnen: Meine Libido lag bei null, ich war ständig müde und deprimiert. Aber meine Partnerin hatte mich damals gerade verlassen, was vermutlich eine einleuchtendere Erklärung für meinen Zustand war. Was ich im weiteren Verlauf erlebte, hat mir gezeigt, dass Hormone durchaus einen Einfluss auf die Laune, das Verhalten und die Körperfettverteilung haben, aber dieser Einfluss ist eben nicht immer der, den man erwartet, und vor allem hängt er immer sehr stark vom Kontext ab. Seit weniger Testo durch meine Venen fließt, bin ich insgesamt viel glücklicher, belastbarer und selbstbewusster.

Andere Menschen haben mich zunächst als Mann wahrgenommen, dann als »Freak«, der zwischen zwei Geschlechtern steckengeblieben ist. Heute erkennt man in mir eigentlich immer eine Frau. Ein und dasselbe Verhalten

8 Jordan-Young, Rebecca M./Karkazis, Katrina (2020): *Testosteron: Warum ein Hormon nicht als Ausrede taugt*. Aus dem Englischen von Hainer Kober. München: Carl Hanser.

hatte während dieser Etappen unterschiedliche Konsequenzen. Wenn ich wütend bin, gilt das inzwischen nicht mehr als respektabel, sondern als hysterisch. Meine Risikobereitschaft wird häufiger kritisiert: »Denkst du dabei überhaupt an deinen Sohn?« – diese Frage hat man mir vor meiner Transition nie gestellt. Ironisch daran ist, dass es mir damals an all diesen »männlichen« Eigenschaften mangelte und mein Umfeld mich sogar dazu ermutigen wollte. Heute habe ich mehr von diesen Eigenschaften, denn dank meiner Transition bin ich endlich selbstbewusst geworden, aber sehr oft werden sie bei mir nun überhaupt nicht mehr als Qualitäten angesehen.

Die Obsession mit den Unterschieden

Es scheint mir, als wollte man vor allem die Unterschiede zwischen Männern und Frauen erklären, nicht aber ihre Gemeinsamkeiten. Der Sexualdimorphismus, also die unterschiedliche Gestalt männlicher und weiblicher Körper, ist bei uns Menschen im Vergleich zu anderen Säugetieren aber gar nicht besonders ausgeprägt. Und auf der Suche nach Erklärungen schaut man oft an der falschen Stelle.

Die Anthropologin Priscille Touraille widmet sich in ihrer Doktorarbeit der Untersuchung von Hypothesen zum Ursprung der unterschiedlichen Körpergrößen von Männern und Frauen.[9] Anders ausgedrückt: Warum sind Männer im Schnitt größer als Frauen? Oder vielleicht sollte man sich eher fragen, warum Frauen kleiner sind als Männer? Erste Feststellung: In Agrargesellschaften ist dieser Unterschied ausgeprägter als bei Jäger-und-Sammler-Kulturen. Von der Annahme, der Mann sei groß und stark, um Mammuts in der Steppe zu jagen, können wir uns also verabschieden (und wie ich ja bereits erwähnt habe: Ohne Frauen haben Männer wahrscheinlich sowieso nicht gejagt). Eigentlich käme ein größerer Körper den Frauen zugute, denn wegen ihres eher schmalen Beckens und der enormen Schädel menschlicher Babys sterben Frauen bei der Niederkunft häufiger als andere weibliche Säugetiere. Wären sie größer, würden sie nicht nur seltener sterben, während sie neues Leben gebären, sondern könnten in Zeiten des Überflusses besser Reserven anlegen, um auch in Hungersnöten Kinder austragen und ernähren zu können.

9 Touraille, Priscille (2008): *Hommes grands, femmes petites: une évolution coûteuse. Les régimes de genre comme force sélective de l'adaptation biologique.* Paris: Éditions de la MSH.

Warum also sind Frauen kleiner? Ethnolog*innen haben beobachtet, dass Männer Proteinquellen für sich allein beansprucht haben, und das soll erklären, wieso kleinere Frauen bessere Überlebenschancen und mehr Nachwuchs hatten, schließlich hat ein kleinerer Körper geringere Bedürfnisse. Priscille Touraille arbeitet ihre Theorie natürlich viel detaillierter und prägnanter aus, als ich das in dieser kurzen Zusammenfassung tue, und trotzdem hat ihre These zu einem Aufschrei der Empörung unter Reaktionären geführt, die ihr Buch offensichtlich nicht einmal gelesen hatten.[10]

Parallel dazu kann ein maskulinistischer Psychologe wie der Kanadier Jordan Peterson in aller Seelenruhe erklären, dass menschliche Gesellschaften deshalb Hierarchien brauchen, weil auch Hummer in Hierarchien leben, und da unsere Spezies angeblich gemeinsame Vorfahren haben, produzieren wir ebenso wie unsere scherenhändigen Cousins Serotonin.[11] Ach, Menschen, Hummer, meine Güte, ist doch eigentlich alles dasselbe, zumindest der Wissenschaft zufolge. Und wer da nicht zustimmt, landet in der Hummercremesuppe.

Als Schlussfolgerung dieses Kapitels möchte ich zunächst Folgendes formulieren: Wenn man uns Beweise und wissenschaftliche Wahrheiten über die angebliche männliche Natur vorlegt, müssen wir uns vor absoluten Aussagen in Acht nehmen und uns fragen, wer da spricht und in welcher Absicht.

Und dann noch etwas: Wisst ihr noch, wie ich weiter oben geschrieben habe, dass menschliche Babys enorme Schädel haben? Dem könnte man noch hinzufügen, dass sie völlig unfähige Lebewesen sind und sich in den ersten Lebensjahren überhaupt nicht um sich selbst kümmern können. So verhalten sie sich aber nicht nur, um uns auf den Keks zu gehen. Sie sind mit einem unfassbar formbaren Gehirn ausgestattet, können also sehr vieles lernen, sich anpassen und sich entsprechend ihrer Umgebung und Erfahrungen weiterentwickeln. So ein Gehirn macht uns Menschen zu sozialen Wesen, die sich abhängig von ihrer Umgebung verändern und täglich ent-

10 Dazu nur ein Beispiel aus der wissenschaftsfeindlichen Welle zu diesem Thema: Lemoine, Philippe (Dezember 2017): »Femmes plus petites que les hommes: un complot phallocrato-carniste?«, Le Figaro Vox, https://www.lefigaro.fr/vox/societe/2017/12/22/31003-20171222ARTFIG00220-dimorphisme-sexuel-un-complot-phallocrato-carniste.php

11 Peterson, Jordan B. (2018): *12 Rules for Life. Ordnung und Struktur in einer chaotischen Welt.* Aus dem Englischen von Marcus Ingendaay und Michael Müller. München: Goldmann.

wickeln. Und auch als Erwachsene können wir uns immer noch verändern. Vielleicht ist genau das ja unsere wahre Natur, dass wir uns an die Kultur und andersrum die Kultur an uns anpassen? Beides voneinander trennen zu wollen ist zwecklos, es gibt keine menschliche Natur außerhalb einer Kultur. Beides vermischt sich in einem dynamischen System miteinander.

Zur Vertiefung:

Cohen, Claudine (2009): *Femmes de la préhistoire.* Paris: Belin.
Claudine Cohen unterrichtet Wissenschaftsphilosophie und -geschichte an der *École des hautes études en sciences sociales* und der *École pratique des hautes études* in Paris. In diesem Buch geht es darum, was wir über Geschlechterrollen in der Vorgeschichte zu wissen glauben (nur Quatsch) und darüber tatsächlich wissen (nicht sehr viel).

Blog Allodoxia von Odile Fillod
Methodisch und präzise hinterfragt diese Forscherin regelmäßig wissenschaftliche Themen, die schlecht popularisiert wurden, sowie die darauffolgenden Medienereignisse. Zum Beispiel leistet sie wertvolle Aufklärungsarbeit gegen sexistische Evolutionspsychologie und pseudowissenschaftliche Diskurse über den angeblichen biologischen Ursprung der Homosexualität. https://allodoxia.odilefillod.fr/

YouTube-Kanal Game of Hearth
Dieser französischsprachige Kanal widmet sich der politischen Ökologie und dem Feminismus. Dort werden komplexe theoretische Konzepte auf sehr verständliche Weise erklärt. Wenn ihr mehr über die Wechselwirkung von Natur und Kultur erfahren wollt, über die ich am Ende dieses Kapitels geschrieben habe, schaut doch dort einmal vorbei.

Zweiter Teil.
Was man über Männer sagt

Wenn in den Medien von Männern gesprochen wird, gibt es mindestens drei wiederkehrende und unvermeidbare Themen: männliche Jugendliche, die in ihrer Entwicklung verzögert sind, nur langsam reif werden und nur mit großer Mühe ihren Platz in der Gesellschaft finden; die Männerrolle, die so schwer auf der Psyche der Männer lastet, sodass sie ihre Gefühle nicht äußern können; die »neuen Väter«, die angeblich ganz anders sind als unsere Väter. Diese drei Gemeinplätze werden wir in diesem Teil des Buches genauer betrachten und uns fragen: Entsprechen sie in irgendeiner Weise der Realität? Und wenn nicht, warum werden sie dann immer und immer wieder heruntergebetet?

4. Warum sind Männer unreif?

In der ganzen Welt gilt es als ausgemachte Wahrheit, dass Männer später erwachsen werden als Frauen. Diese Vorstellung ist so fest in unseren Köpfen verankert, dass wir von einem Zwanzigjährigen direkt erwarten, er könnte jeden Moment eine Dose Red Bull hervorholen, sie auf ex trinken und dann *Seven Nation Army* grölen. Kurzum: Erdbeeren reifen zwischen April und Juni und Männer mit ungefähr fünfunddreißig Jahren. So ist halt die Natur. Und wenn wir mal darüber nachdenken: Kennt nicht jede*r von uns Anekdoten, die das bestätigen?

Zum Beispiel dieser eine Freund, der ins Krankenhaus musste, nachdem er wegen einer Wette eine ganze Flasche Sojasauce ausgetrunken hatte. Oder der, der mit fünfunddreißig Jahren jeden Tag so feiert, als würde er niemals sechsunddreißig werden. Und ihr kennt doch sicher auch einen Typen, der schon all seine Freundinnen betrogen und dabei jedes Mal im Grunde gehofft hat, sie würden mit ihm Schluss machen, damit er selbst nicht die Verantwortung dafür übernehmen muss?

Analog dazu denken wir an dieses Mädchen, das schon mit zwölf Jahren kochen und nähen konnte und seine Familie unterstützen musste, während seine großen Brüder nur Quatsch machten. Denn was gibt es schon Reiferes als eine perfekte Hausfrau, hm? Oder wir denken an jene junge Frau, die schon mit achtzehn einen Plan für ihr Studium, ihre Karriere und ihr Leben entworfen und ihn mit dreißig umgesetzt hatte: Arbeit, Baby und eine Hochzeit im Stil von »Dorfleben, but make it fashion«.

Ja, klar, ihr sagt jetzt bestimmt, dass das doch alles nur Klischees sind, dass es auch unreife Mädchen gibt und Männer, die bereits im zarten Alter von achtundzwanzig erwachsen werden. Aber fragt euch doch mal Folgendes: Woher kommt dieses Klischee des unreifen Mannes wirklich? Und wie verträgt es sich mit dem genau gegenteiligen Klischee des starken, verantwortungsbewussten, unerschütterlichen Mannes? Laut Maskulinisten handelt es sich bei dem Glauben, alle Männer seien unreif, um einen Teil der feministischen Verschwörung, die ihnen die Macht entreißen soll.

Ist das dann etwa der Bigfoot des Maskulinismus: ein authentisches Beispiel für himmelschreienden umgekehrten Sexismus? Wer hält so sehr an dieser Vorstellung fest, und warum?

Was genau bedeutet eigentlich »Reife«?

Wir wollen gemeinsam versuchen, Antworten auf diese Fragen zu finden, aber zuerst müssen wir eine Begriffsdefinition vornehmen: Was ist überhaupt emotionale Reife? Bei der körperlichen Reife ist das einfach, wie bei Pornos: Man erkennt sie, sobald man Haare sieht. Aber in den Köpfen ist es, wie so oft, deutlich komplizierter.

Eine breite und allgemeine Definition von Reife lautet: »Fähigkeit, angemessene Entscheidungen zu treffen«. Ein derart weit gefasstes Verständnis ist eigentlich fast schon nutzlos. Was soll das überhaupt heißen, »angemessen«? Wie misst man das?

Im allgemeinen Sprachgebrauch ist »Reife« gleichbedeutend mit »Verantwortungsbewusstsein«. Und diese Volksweisheit wird uns zur Abwechslung mal nützlich sein. Nach diesem Verständnis von Reife denkt ein reifer Mensch nach, bevor er handelt, lässt die möglichen Konsequenzen seiner Entscheidungen nicht außer Acht und ist bereit, mit diesen umzugehen.

Vielleicht ist euch aufgefallen, dass ich bisher noch nicht auf einen oft genannten Aspekt zu sprechen gekommen bin, nämlich den Humor. Pipi-Kaka-Witze im Alter von vierzig Jahren wirken durchaus auch unreif. Aber ich möchte mich gern auf die schwerwiegenderen Aspekte und Konsequenzen der Unreife konzentrieren. Erstens, weil die relevanter sind, zweitens, weil sie einfacher zu messen sind, drittens, und das ist ganz wichtig, weil ich so gerne kleine Kackhaufen zeichne und mich niemand je davon überzeugen wird, dass das nicht witzig sei!

Alle Unklarheiten beseitigt? Schön. Dann überprüfen wir doch jetzt mal eine Hypothese: Was wäre, wenn Männer unreif sind ... weil Männer eben unreif sind? Die einfachste Erklärung ist ja oft die richtige.

Statistiken zufolge legen Männer ein viel gefährlicheres Verhalten an den Tag als Frauen: Sie rauchen und trinken mehr und nehmen häufiger Drogen. Ihr schwenkt jetzt vielleicht euer Whiskeyglas, zieht an eurer Zigarre und behauptet, dass man solche Entscheidungen aber auch verantwortungsbewusst treffen kann. Jede*r hat die Freiheit, sich selbst in Gefahr zu begeben. Wenn ihr solche Entscheidungen für reif halten wollt, nur zu. Ich habe auch noch deprimierendere Statistiken auf Lager.

Männer verursachen mehr Unfälle im Straßenverkehr als Frauen, vor allem mehr tödliche.[1] Sie begehen mehr Gewalttaten und landen häufiger im Gefängnis. Sie morden häufiger, viel häufiger als Frauen.[2] Tut mir leid, wenn ich jetzt altmodisch klinge, aber ich finde das nicht gut.

Wenn nur eine einzige Statistik davon zeugen soll, dass Männer (kollektiv, als Klasse) keine Verantwortung übernehmen, dann die folgende: Wenn die Partnerin eines Mannes Krebs hat, verlässt er sie mit einer sechsmal höheren Wahrscheinlichkeit, als er in der umgekehrten Situation von ihr verlassen wird, wenn er selbst krank ist.[3]

---

1 84 Prozent der Verkehrsunfälle werden laut der jährlich erhobenen Datengrundlage über Verkehrsunfälle des französischen Innenministeriums von Männern verursacht. Diese Zahl basiert auf den Daten von 2005 bis 2020.

2 Siehe den Bericht *Insécurité et délinquance en 2020: bilan statistique* auf der Webseite des französischen Innenministeriums.

3 Hutchinson, Fred (2009): »Men leave: separation and divorce far more common when the wife is the patient«, Studie vom Cancer Research Center.

Glaubt mir, ich könnte ewig so weitermachen. Männer verhalten sich unreif, das ist objektiv messbar. Aber es stellt sich eine Anschlussfrage, die diese Statistiken allein nicht beantworten können: Woher kommt diese Unreife?

Ich für meinen Teil habe ziemlich lang gebraucht, um erwachsen zu werden. In meinen Jahren der Postadoleszenz habe ich viel Zeit an den Druck verloren, ein Sexualleben zu haben, einen Job zu finden und von zu Hause auszuziehen. Im Gegensatz zu vielen Frauen in meinem Umfeld verspürte ich jedoch nicht den Druck, mich in einer langfristigen Beziehung »niederzulassen« und Kinder zu bekommen, »solange ich noch konnte«. Mit siebenundzwanzig habe ich eine fünf Jahre jüngere Frau kennengelernt, die mir ihre bereits erworbenen Koch- und Putzfähigkeiten vermittelt hat, weil ich ein großer, unselbstständiger Tollpatsch war. Sie wusste auch, wie man mit Geld umgeht, während ich eine Finanzkrise auf zwei Beinen war. Außerdem hat sie mir beigebracht, wie man sich vernünftig kleidet, und noch einen ganzen Haufen weiteren Erwachsenenkram habe ich von ihr gelernt. Und was habe ich ihr im Gegenzug gezeigt? Zwei, drei gute Bands und Superhelden. Bitte fragt mich nach meiner Meinung zu Batman, ich höre mir so gern selbst beim Reden zu!

Der Altersunterschied

Es war ganz einfach so: Ich war keine reife Frau[4], weil ich keine Notwendigkeit darin gesehen habe. Bei französischen Heteropaaren ist der Mann im Schnitt zweieinhalb Jahre älter als die Frau. In Frankreich werden Männer durchschnittlich mit 32,5 Jahren das erste Mal Vater, Frauen mit 29,5 Jahren Mütter. Männer haben also etwa zwei bis drei Jahre mehr Zeit für Spaß, Abenteuer, Partys, Karriere, Shots und Jackass-mäßige Aktionen. Zwei bis drei Jahre, in denen sie nicht das Gewicht der Verantwortung mit sich herumschleppen.

Männer sind in Beziehungen meistens älter, weil Frauen gelernt haben, dass sie »etwas reifere« Männer begehren sollen. Weil sie gelernt haben, dass Männer mit steigendem Alter attraktiver werden. Dahingegen haben Männer die Vorstellung, dass nur junge Frauen hübsch sein können und es ganz normal ist, dass Männer in einer Beziehung wegen ihres höheren Alters mehr Entscheidungsmacht haben. Auf Frauen hingegen wird Druck

4 Ja, ich bezeichne mich immer als Frau, auch wenn es um mein Leben vor der Transition geht. Gewöhnt euch dran.

ausgeübt, indem ihre begrenzte Fruchtbarkeit vorgebracht wird … Man hat das Konzept der biologischen Uhr erfunden und Frauen weisgemacht, dass es ab ihrem fünfunddreißigsten Lebensjahr schwer werden könnte mit der Schwangerschaft, während sich Männer in der Hinsicht keine allzu großen Sorgen machen.

In Wahrheit jedoch sind Männer ab vierzig deutlich weniger fruchtbar als vorher. Ihnen macht man aber keinen Stress mit der biologischen Uhr, die sie noch einholen könnte, oder wegen ihrer verkümmernden Fruchtbarkeit, die ihre mögliche Nachkommenschaft gefährdet. Männer denken alle, dass sie auch mit dreiundsiebzig noch Vater werden können, so wie Charlie Chaplin, auch wenn ihre Spermien in dem Stadium wahrscheinlich nur noch in etwa so lebhaft sind wie die Zombies aus *Die Nacht der lebenden Toten*.

Sagen wir es, wie es ist: Frauen werden Jahre ihrer Jugend gestohlen. Aber das ist noch nicht alles, denn ihnen werden auch die letzten Lebensjahre gestohlen: Die durchschnittliche Lebenserwartung in Frankreich liegt bei 79,5 Jahren für Männer und bei 85,4 Jahren für Frauen. Männer sterben zum Teil deshalb zuerst, weil sie sich »unreif« und gefährlich verhalten (wir sollten dabei aber nicht außer Acht lassen, dass ihre niedrigere Lebenserwartung auch auf ihre gefährlicheren Berufe zurückzuführen ist). Oft bedeutet das, dass sie von ihren Ehegattinnen bis zum Schluss gepflegt werden müssen. Die Witwen wiederum sterben dann eben allein, und das nicht erst nach 5,9 Jahren (das ist die Differenz der Lebenserwartungen), sondern nach 8,4 Jahren, denn Frauen sind ja in der Regel jünger als ihre Partner. Das erklärt zum Teil, wieso Senioren- und Pflegeheime zu drei Vierteln von Frauen bewohnt werden.[5]

Hätten Männer einen machiavellischen Plan entwerfen wollen, um sich ihrer Verantwortung zu entziehen, sie hätten sich nichts Genialeres einfallen lassen können … Aber warum verhalten sie sich so? Die Antwort liegt auf der Hand: weil sie es können. Für einen Vater ist nichts leichter, als sich seiner Verantwortung zu entziehen. Ein Beispiel: Im Jahre 2017 wurde die *Agence de recouvrement des impayés de pensions alimentaires* (Aripa) gegründet, eine staatliche Agentur, die offene Unterhaltszahlungen einholen soll (wer bezahlt nicht? Kleiner Tipp: Die Mütter sind es nicht). Voller Stolz

5 DREES: »L'EHPAD, dernier lieu de vie pour un quart des personnes décédées en France en 2015«, Studie abrufbar unter: drees.solidarites-sante.gouv.fr

kann Aripa behaupten, dass inzwischen 62 Prozent aller Unterhaltsforderungen beglichen werden. Das heißt, es gibt noch 38 Prozent säumige Zahler. Keine besonders rühmliche Zahl, wenn ihr mich fragt.

Die Unreife von Männern ist nicht auf hormonelle Probleme oder eine verzögerte Pubertät zurückzuführen, sondern auf die Sorglosigkeit der Herrschenden. Und diese Vorstellung, dass Männer langsamer heranreifen würden, soll ihre Ungezwungenheit rechtfertigen und dafür sorgen, dass sie damit mehr oder weniger ungestraft davonkommen.

Klischees über maskuline, intelligentere, stärkere Männer, die sich besser beherrschen können, dienten lange zur Legitimation männlicher Herrschaft

und haben dafür gesorgt, dass die Hausarbeit an Frauen hängenbleibt. Heutzutage sorgen Klischees über unreife, etwas dumme Männer, die nicht einmal ihre Schmutzwäsche sortieren können, dafür, dass sie ihrer Verantwortung entgehen können und immer noch nichts übers Wäschewaschen wissen. Und sie haben kein Problem damit, diese beiden Klischees nebeneinander bestehen zu lassen, solange es ihnen gelegen kommt. Männer sind die besten Anführer, aufrichtiger und offenherziger als Frauen, und gleichzeitig unreife Wesen mit verrückt spielenden Hormonen. Ist doch egal, dass das inkonsequent ist, denn jede Entschuldigung ist gut genug, um weiterhin die eigene Herrschaftsposition zu verteidigen.

Aber für diese Selbst-Verkindlichung zahlen Männer an anderer Stelle den Preis. Denn ihr gefährliches Verhalten schadet letztendlich nicht nur anderen Menschen, sondern auch ihnen selbst. Sie nehmen Verletzungen in Kauf und im Extremfall sterben sie früh, ja. Aber sie zahlen auch noch einen anderen Preis, der schwerer festzustellen ist: Sie verschließen sich vor der Möglichkeit, mit gleichaltrigen oder älteren Frauen bereichernde Beziehungen einzugehen. Sie bringen sich selbst um diesen gesamten geistigen und emotionalen Reichtum eines Erwachsenenlebens. Und ist die Freude darüber, ein unverantwortliches Riesenbaby zu sein, das wirklich wert?

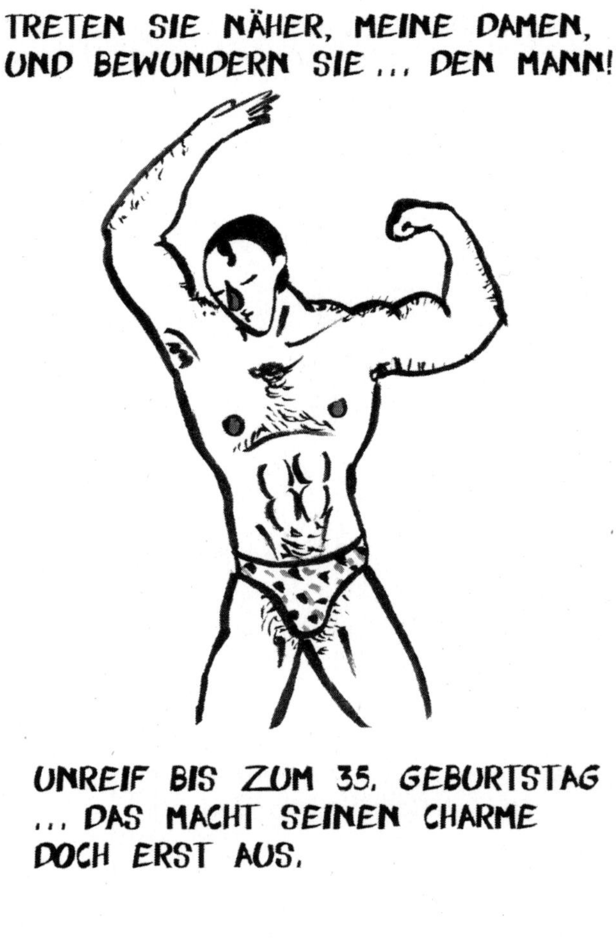

Zur Vertiefung:

Bienaimé, Charlotte: ***Un podcast à soi,*** **Folge 17: »Vieilles, et alors?«**
In dieser Folge des exzellenten Podcasts von Arte Radio erteilt die Journalistin Charlotte Bienaimé Frauen das Wort, die man sonst nicht oft hört. Ist es für eine Frau, die langsam älter wird, nicht eine großartige Neuerung, dass sie endlich von den männlichen Blicken befreit ist?
https://www.arteradio.com/son/61661252/l_horloge_biologique_t_a_pas_sonnee_17

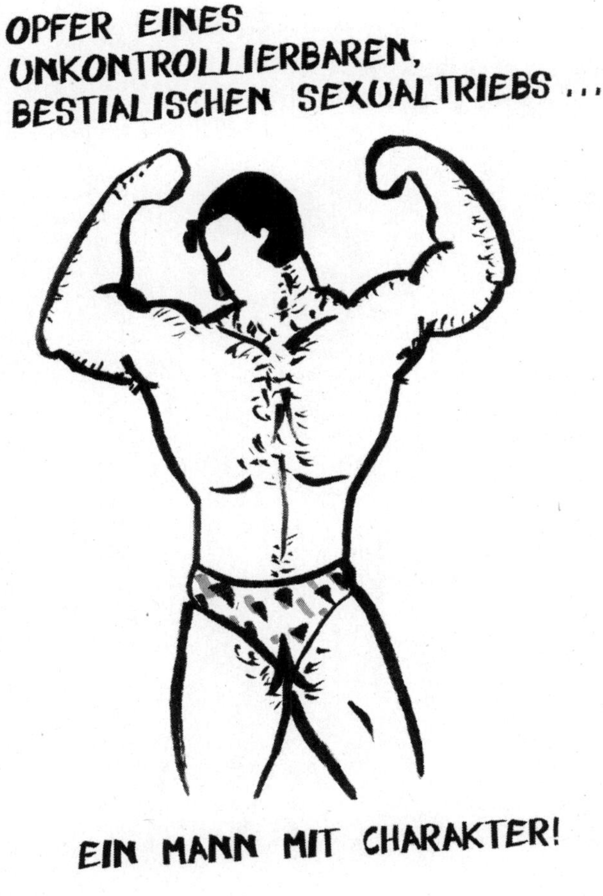

Strömquist, Liv (2018): *Der Ursprung der Liebe.* Aus dem Schwedischen von Katharina Erben. Berlin: Avant-Verlag.
Diese schwedische Comicautorin ist, zumindest aus akademischer Perspektive, eine ziemlich schlechte Zeichnerin, aber das ist ihr scheißegal – das finde ich bewundernswert und inspirierend, denn meine eigenen Zeichnungen sind ja in jeder Hinsicht furchtbar. Strömquist hat Wichtiges zu sagen und dank ihrer Witze versteht es auch jede*r. Anhand von soziologischen und psychologischen Analysen sowie Beispielen aus der Popkultur und ihren eigenen Überlegungen entwirft sie eine kritische Abhandlung über Liebe und heterosexuelle Paarbeziehungen. Habe ich schon erwähnt, dass das Buch zudem unglaublich witzig ist?

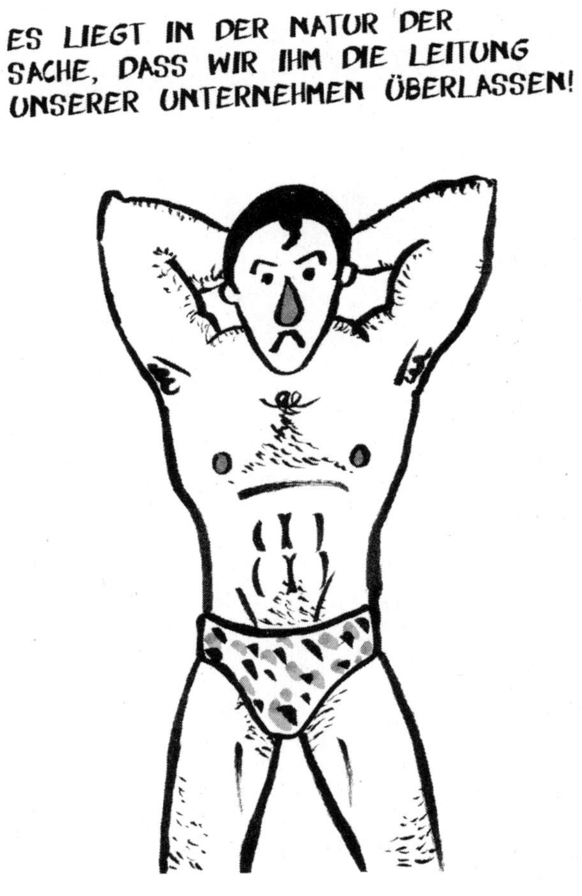

5. Das Herz der Männer

Ein Junge weint nicht. Das Patriarchat hat sich über den Tagesordnungspunkt »Gefühle« beraten und entschieden, darauf zu verzichten. Trotzdem danke für den Vorschlag. Der Mann ist ein Vernunftwesen, das gute wie schlechte Nachrichten mit unerschütterlichem Gleichmut aufnimmt. Gefühle sind was für Mädchen. Okay, na gut, hin und wieder darf ein Mann auch mal ausrasten. Wut ist was Männliches. Freude geht in bestimmten Situationen in Ordnung und weinen dürft ihr allerhöchstens bei der Fußballweltmeisterschaft oder in einer Lebenslage von vergleichbar extremer Relevanz. Aber davon abgesehen packt ihr eure Gefühle in eine Ecke und fasst sie gefälligst nicht an, kapiert?

Leidende Männer

Männer müssen mit folgendem Paradoxon leben: Sie empfinden natürlich ebenso viel wie jeder andere Mensch auch, verfügen aber nicht über die Mittel, ihre Gefühle mit der nötigen Differenziertheit zu verstehen und auszudrücken. Das wird ihnen sowieso nur selten zugestanden. Das Klischee, demzufolge Frauen emotionaler sind, hält bei genauerer Betrachtung nicht stand, zumindest, wenn man richtig hinsieht: Da Männer nicht dazu in der Lage sind, ihre Gefühle zu beherrschen, schmollen sie, regen sich auf, rasten aus. Männer sind sehr sensible und sentimentale Wesen, die bei Frustration und unangenehmen äußeren Reizen plötzlich ganz hilflos sind. Psycholog*innen zufolge leiden viele von ihnen unter einer spezifisch männlichen *Alexithymie*, also der Unfähigkeit, eigene (und oft auch fremde) Gefühle zu benennen, einzuordnen und auszudrücken.

Das bedauernswerte Verhältnis von Männern zu ihren Gefühlen wird häufig als Preis der männlichen Herrschaft bezeichnet. Wenn einem nur eine eng eingegrenzte Palette an gestatteten Gefühlen zur Verfügung steht, kann das im Alltag sehr einschränkend wirken und sogar tragische Folgen haben. Männer, die keinen Zugang zu ihren Gefühlen haben, fügen nicht nur ihren Mitmenschen enormes Leid zu, sondern auch sich selbst.

WUT
KEINE WUT

In Frankreich werden etwa drei Viertel der 10.000 jährlichen Suizide von Männern begangen. Allerdings haben Frauen häufiger Suizidgedanken, begehen mehr Suizidversuche und leiden doppelt so häufig an Depressionen. Warum nehmen sich dann mehr Männer das Leben? Wahrscheinlich liegt das zumindest teilweise daran, dass sie sich keine Hilfe suchen. Die genannten Zahlen über depressive Frauen konnten ja nur deshalb erhoben werden, weil sie rechtzeitig Beratung in Anspruch genommen und eine Diagnose bekommen haben. Viele Männer, denen es schlecht geht, würden alles tun, um sich nicht eingestehen zu müssen, dass sie ein Problem haben und Hilfe brauchen. Das ist vermutlich auch die Erklärung für den hohen Anteil männlicher Alkoholiker und Suchtkranker. Und für das aggressive Verhalten gegenüber ihren Mitmenschen.

Ich bin selbst mit diesem Gebot des Gleichmuts aufgewachsen. Ich weiß noch genau, wie ich im Dezember 1992 wegen des Todes meiner Hündin geweint habe. Im Vorjahr war ich mit meiner Familie vom Land in die Stadt gezogen und lebte nun an einer vielbefahrenen Straße. Meine Hündin war ausgebüxt und gleich vor der Haustür von einem Auto erfasst worden. In diesem Jahr hatte ich sowieso schon sehr viel geweint, weil ich in der neuen Schule gleich meinen Platz gefunden hatte, als Lieblingsopfer des größten Fieslings und all seiner Kumpel aus dem höheren Jahrgang. Diese Tränen haben sich deshalb so in mein Gedächtnis eingegraben, weil es meine letzten waren. Danach habe ich sechzehn Jahre lang nicht geweint.

Das lag nicht daran, dass ich danach glücklicher war. Als einige Jahre später die Tochter dieser Hündin ebenfalls überfahren wurde, war ich ziemlich verwundert darüber, dass ich nicht mehr weinen konnte, das weiß ich noch genau. Ich hatte auf die harte Tour gelernt, mich von meinen Gefühlen abzuschotten. Außerdem hatte ich gelernt, mich vor meinen Freunden in Acht zu nehmen, sogar vor den besten, weil ich vor lauter Angst vor Spott oder Zurückweisung meine Geheimnisse nicht mit ihnen teilen wollte. Nach und nach ignorierte ich meine Gefühle unwillkürlich lieber, weil ich sie als Schwachstellen begriff. Wenn man Gefühle zeigt, bietet man damit eine Angriffsfläche, dachte ich.

All das erzähle ich nicht, weil ich behaupten will, meine Erfahrung sei eine typisch männliche. Vielmehr bin ich ein Extremfall einer von vorne bis hinten misslungenen männlichen Sozialisation. Allerdings kann ich aus erster Hand davon berichten, wie sich eine Abschottung von den eigenen Gefühlen anfühlt: scheiße. Das kommt einer psychischen Selbstverletzung gleich. Ich bezweifle, dass man in so einem Zustand erfahren kann, was Glück und Liebe bedeuten. Man kann nur oberflächliche Beziehungen knüpfen. Man führt nur ein halbes Leben.

Aber warum genau müssen Männer ihre Gefühle unterdrücken, um über uns Frauen zu herrschen? Welcher Aspekt des Patriarchats erfordert von den Männern eine solche selbstzerstörerische Gewalt?

Gefühle haben ein Geschlecht und eine sexuelle Orientierung

Die erste Erklärung dafür besteht, wie so oft und für so vieles andere auch, in einer Mischung aus Homo- und Frauenfeindlichkeit. Die Menschen haben ein ganzes System geschaffen, in dem jeder Aspekt ihres Lebens ein Geschlecht hat, von Klamotten über die Ernährung bis hin zu den Gefühlen. Und dabei wurde entschieden, dass Männer »rational« sind und Frauen »emotional«. Emotionalität ist also etwas für Frauen und Schwule. Und es gibt ausreichend Gründe zu der Annahme, dass sich diese Situation nicht einfach von selbst verbessert.

Einer der vielen Vorwürfe, die man Sigmund Freud machen kann, ist, dass er die Vorstellung verbreitet hat, die ganze Welt sei hypersexualisiert. Ihm zufolge ist alles menschliche Verhalten auf unbewusste sexuelle Triebe zurückzuführen. Dem fügt man noch die Erfindung der medizinischen Kategorie »homosexuell« im 19. Jahrhundert hinzu, und schon steht man da mit Generationen von paranoiden Männern, die auf gar keinen Fall als schwul gelten wollen.

In den meisten menschlichen Gesellschaften führen Männer eine Ehe mit einer Frau und sind mit mehreren Männern befreundet, die mindestens ebenso wichtig für ihre emotionale Unterstützung sind. In vielen Gesellschaften, in denen die Idee der Liebeshochzeit nicht so verwurzelt ist wie bei uns, führen Männer in erster Linie ökonomische Beziehungen zu Frauen. Die Ehe gilt in diesen Fällen primär als Arrangement, als Austausch ökonomisch-sexueller Dienste, während Männer beieinander emotionale Unterstützung suchen.

In einer Gesellschaft wie der unseren hingegen, in der die Kategorien »homosexuell« und »heterosexuell« seit einhundertfünfzig Jahren so klar voneinander abgegrenzt sind, haben Freundschaften unter Männern immer etwas Verdächtiges. In Gesellschaften, in denen das Schreckgespenst der Homosexualität nicht umgeht, haben Männer keine Angst, als schwul zu gelten, wenn sie die Hand ihres besten Freundes halten oder in seinen Armen liegen und weinen.[1] Aber wie sonst sagen Männer einander dann so etwas wie: »Ich hab dich lieb«? Ihre Gefühle finden dafür andere Wege. Als ich noch als Mann gelebt habe, drehten sich meine Freundschaften zu Männern immer um einen Gegenstand. Da ich ein großer Nerd war und bin, fand ich Freundschaften über Musik, Serien, Filme oder Videospiele. Für andere Männer nehmen vielleicht Fußball, Handwerk, Briefmarkensammlungen, Politik oder ihr Job diese Funktion ein.

Hört doch den Männern in eurem Umfeld einmal bei ihren Gesprächen zu: Zwischen ihnen stehen jedes Mal ein Gegenstand und ein komplexes Spiel an Erklärungen. Männer können einander nicht einfach so etwas sagen wie: »Ich hab dich lieb«, »Ich bin traurig«, »Ich freue mich, dich zu sehen«. Stattdessen sagen sie: »Junge, hast du gestern Fußball geguckt?« Dabei kommt es oft zu Konkurrenzkämpfen. Manchmal werden auch nett gemeinte Beleidigungen und falsche Aggressionen ausgetauscht: »Junge, wenn dir die letzte Staffel von *Game of Thrones* gefallen hat, rede ich nicht mehr mit dir«, gefolgt von einem angedeuteten Faustschlag.

Eine der gewichtigsten und besten Veränderungen während meiner Transition war die Möglichkeit, mit anderen Frauen offene und direkte Gespräche führen und endlich aus diesen permanenten Konkurrenzkämpfen zwischen Männern ausbrechen zu können, die mich kaum interessierten und in denen ich mich nicht wohlfühlte. Diese Konkurrenz macht es Männern schwer, gehaltvolle und emotional zufriedenstellende Freundschaften zu knüpfen. Schließlich darf ein Mann sich nicht zu sehr mit jenen verbrüdern, die immerzu, zumindest ein bisschen, seine Rivalen sind. Aus diesem Grund suchen Männer oft nach Freundinnen, die nicht nur ihre Mutter, sondern auch eine Therapeutin ersetzen.

Die Psychologin Niobe Way hat amerikanische Jugendliche untersucht, um zu verstehen, wie Männer eigentlich ihre emotionale Intelligenz verlieren. Denn man sollte eines nicht vergessen: Jungen stehen Mädchen in dieser Hinsicht in nichts nach. Sie können sich ihrer Familie oder ihren Klassenkamerad*innen gegenüber ebenso liebevoll, sensibel und einfühlsam verhalten. Doch je älter Jungen werden, desto mehr geht ihnen diese

1 William, Walter L. (1992): »The relationship between male-male friendship and male-female marriage: American Indian and Asian comparisons«. In: Nardi, Peter M. (Hrsg.): *Men's Friendships*. Thousand Oaks: Sage. 186-200.

Fähigkeit verloren. In ihrem Buch *Deep Secrets: Boys' Friendships and the Crisis of Connection* beschreibt Niobe Way, wie kleine Jungen sehr starke und emotional bereichernde Freundschaften führen, die für sie Orte des Widerstands gegen den patriarchalen Zwang zum Gleichmut darstellen. Mit ihren besten Freunden teilen sie Geheimnisse, die sie niemand anderem verraten würden. Gegen Ende ihrer Adoleszenz lösen sich diese Freundschaften jedoch auf oder verlieren an Intensität. Jungen tut es weh, dass sie keine wahren Freunde mehr finden können, und laut Niobe Way passiert Folgendes: Sie setzen sich nicht mehr gegen die patriarchale Initiation zur Wehr. Sie sind Männer geworden, also unsensibel. Sie können mit anderen Männern nicht mehr dieselben Dinge teilen wie zuvor.[2]

Way erklärt diesen Zustand zum einen mit der bereits genannten Tatsache, dass Gefühlen ein Geschlecht (weiblich) und eine sexuelle Orientierung (homosexuell) zugewiesen werden, zum anderen aber auch mit einem weiteren patriarchalen Zwang: Ein echter Mann hat unabhängig zu sein. Ein Mann ruft nicht um Hilfe. Er kommt allein klar, mit seinem Schwanz und seinem Messer. Er hat es nicht nötig, sich seinen Freunden anzuvertrauen, in Therapie oder wenigstens irgendwann mal zum Arzt zu gehen. Tatsächlich kümmern sich Männer allgemein weniger um die Vorbeugung von Krankheiten, vor allem jene, die »traditionellen« Männlichkeitsbildern entsprechen wollen – und auch das könnte eine Erklärung für ihre niedrigere Lebenserwartung sein.[3]

Die Ironie an der Situation dieser Männer besteht darin, dass sie sich wie eigenbrötlerische, völlig unabhängige Cowboys vorkommen, es aber natürlich überhaupt nicht sind. Ein Macho, der weder kochen noch seine Hemden waschen kann, ist eigentlich total abhängig, erst von seiner Mutter, dann von seiner Frau. Der maskuline Mann ist ein Riesenbaby, das wissen alle Frauen, die schon mal mit einem zu tun hatten. Aber wenn man sich die Statistiken zu Hausarbeit anschaut, wird klar, dass nicht nur große Machos von Frauen abhängig sind. Männliche Abhängigkeit ist eine der Grundlagen unserer Gesellschaft.

---

2 Way, Niobe (2011): *Deep Secrets. Boys' Friendships and the Crisis of Connection.* Cambridge: Harvard University Press.

3 Springer, Kristen W./Mouzon, Dawne M. (2011): »›Macho men‹ and preventive health care: implications for older men in different social classes«. In: *Journal of Health and Social Behavior*, 52(2). 212–227.

Der Preis der männlichen Herrschaft?

Wie so oft liegt also auch hier ein offensichtlicher Widerspruch zwischen Idealbild und Wirklichkeit vor: Jene Männer, die sich am lautesten als unabhängig darstellen, sind meist die abhängigsten. Ebenso verhält es sich, wenn behauptet wird, sie seien verantwortungsbewusster oder mutiger. Genauso, wie bereits einige dieser Mythen entkräftet wurden, sollten wir auch den Mythos des gleichmütigen Mannes entkräften. Ja, Männer meinen, sie seien weniger sentimental. Das streben sie zumindest an. Aber stimmt das auch? Und was bringt es ihnen, wenn sie behaupten, sie hätten ihre Gefühle unter Kontrolle?

Zuallererst sollten wir klarstellen, dass Männer ihre Gefühle überhaupt nicht unter Kontrolle haben. Gefühle zu unterdrücken ist nicht dasselbe, wie sie zu beherrschen, sondern eher eine Grundlage dafür, sich selbst nicht zu verstehen und die eigenen Reaktionen nicht kontrollieren zu können. Gefühle gelten als weiblich, weil sie der Vernunft gegenüber gestellt werden. Indem Männer so tun, als stünden sie über ihren Gefühlen, positionieren sie sich als die vernünftigeren Menschen. Im westlichen Denken ist diese Gegensätzlichkeit eindeutig festgesetzt, auch wenn sie ehrlich gesagt nicht besonders sinnvoll ist. Denn ein Gedanke ohne Gefühl ist hinfällig.

Um zu verstehen, wie die Gefühlspalette der Männer aufgebaut ist, können wir die Theorie der »konstruierten Emotionen« der Neurowissenschaftlerin Lisa Feldman-Barrett heranziehen.[4] Sie geht von zwei Feststellungen aus: Erstens könne man Gefühle nicht von einem Gehirnscan ablesen, zweitens gebe es keine universelle Entsprechung unserer westlichen Gefühlskonzepte. Manche Gesellschaften haben keine Vorstellungen von »Traurigkeit« oder »Wut«, die mit unseren exakt übereinstimmen, und in manchen Gesellschaften verspüren die Menschen Gefühle, die uns gänzlich fremd sind. Laut Lisa Feldman-Barrett sind unsere Emotionen sozial konstruierte Kategorien, die den sehr unterschiedlichen Zuständen unseres Körpers und unseres Geistes einen Sinn verleihen sollen (wenn man beides überhaupt voneinander abgrenzen kann).

Bei einem Mann, der unter einem strikten Männlichkeitsregime aufgewachsen ist, übersetzen sich viele dieser Zustände in genau eine Emotion: Wut. Stress, Angst, Unsicherheit, Eifersucht, Hunger, die Niederlage ihres

4 Feldman-Barrett, Lisa (2023): *Wie Gefühle entstehen. Eine neue Sicht auf unsere Emotionen.* Aus dem Englischen von Elisabeth Liebl. Hamburg: Rowohlt.

liebsten Fußballteams, Harndrang: Alldem können Männer nur mit Wut Ausdruck verleihen. Wut ist das akzeptabelste Gefühl für einen Mann, weil sie ihm nützt. Wut sorgt für Ergebnisse. Vielleicht kann ich persönlich meine Probleme deshalb nur schwer über Wut kommunizieren, weil ich schon mit mehreren Personen zusammengelebt habe, die zu Wutausbrüchen neigten. Jedenfalls kann ich euch sagen, dass meine Erfahrungen mit der Wut anderer Leute mich dazu gebracht haben, in der Hinsicht etwas zurückhaltender zu sein.

Aber es gibt doch auch sensible Männer, oder nicht? Ja, tatsächlich gibt es zu dieser Darstellung sehr viele Gegenbeispiele. Poeten, Ästheten, Künstler. So läuft das immer wieder: In regelmäßigen Abständen bringt die Kultur ein neues Modell des sensiblen Mannes hervor und dann tun wir jedes Mal alle so, als würden wir erstmals entdecken, dass Rapper oder Fußballer auch Gefühle haben können. Der berühmteste Rapper der Welt heißt Drake und rührt uns alle seit 2006 zu Tränen (was aber nichts daran ändert, dass er frauenfeindlich ist und eine gelinde gesagt komplizierte Geschichte von Beziehungen zu deutlich jüngeren Frauen hat). Ein Mann, der zu seinen Gefühlen steht, gilt als mutig. Und lukrativ ist das Ganze auch noch.

Wenn ein Mann weint, überschreitet er damit eine Grenze, und jede Grenzüberschreitung ist ein Risiko. Er könnte deshalb als Schwächling abgetan oder aber gefeiert werden. Doch wenn er außerdem noch einige eindeutig männliche Eigenschaften hat (sportlich, muskulös, geile Freundin), ist das Risiko natürlich kleiner. Die Gefühle dieser sensiblen Männer werden belohnt, weil sie Grenzen überwinden. Sie werden als authentischer erachtet, manchmal als tragischer. So ein weinender Mann ist doch schön. Eine weinende Frau hingegen ist einfach nur anstrengend.

All das kann zu dem führen, was ich als das »Die-Schöne-und-das-Biest-Syndrom« bezeichnen möchte. Heterosexuellen Frauen wird beigebracht, dass sie geduldig mit ihrem Biest umgehen sollen, weil eines Tages ein Prince Charming aus ihm werden könnte. Gut, das Biest ist mürrisch und vielleicht auch ein bisschen angsteinflößend. Die Schöne als Geisel zu nehmen ist wirklich nicht cool. Aber wenn ihr sanft und liebevoll genug seid, wird das Biest ganz bestimmt irgendwann das sensible Wesen finden, das tief in seinem ungeschliffenen Herzen steckt. Diese Hoffnung ermöglicht es, jede Misshandlung durchzustehen – und diese Hoffnung wird Frauen schon von Kindesbeinen an nahegelegt.

ACH, MEIN PRINZ!
IHR HABT MEINEN VATER MIT DEM TODE BEDROHT.
IHR HABT MICH EINGESPERRT ...
MIR GEWALT ANGETAN ...
ABER WENN ICH EUCH KÜSSE ...
ABER ICH BLEIBE EIN WIDERLING, JA?
DANN SEID IHR WENIGSTENS DAS MEISTE FELL LOS!
IMMER ÜBERALL DIESE HAARE, ICH HALT'S NICHT MEHR AUS.

Allerdings ist der Einsatz der eigenen Gefühle und einer vorgegebenen Verletzlichkeit zum eigenen Vorteil und zur Festigung der Herrschaftsposition kein rein männliches Privileg. In afrofeministischen Kreisen hat man gelernt, sich vor *white tears* in Acht zu nehmen, also vor den Tränen von Weißen – Männern wie Frauen –, die sich gerne in die Opferrolle begeben, wenn man sie mit ihrem Rassismus konfrontiert. In solchen Fällen wird der Kampf gegen Rassismus zu einem persönlichen Angriff uminterpretiert und die Gefühle des »Opfers« werden zum zentralen Thema, während der Rassismus selbst in den Hintergrund rückt.

Aus all diesen Gründen verziehe ich jedes Mal das Gesicht, wenn man mir etwas vom Preis der männlichen Herrschaft erzählt. Wenn es sich tatsächlich um einen Preis handeln sollte, haben die meisten Männer wohl stillschweigend akzeptiert, ihn zu bezahlen. Und zwar, weil sie daraus verschiedene Vorteile ziehen. Benutzt man das Wort »Preis«, hört sich das so an, als hätten Männer keine Wahl und keine Handlungsmacht, als herrschten sie quasi gegen ihren Willen. Außerdem könnte man dann denken, dass die Funktionsweise der männlichen Gefühle von der Mechanik der Herrschaft abgekoppelt sei. Wenn man so tut, als wäre man unabhängig, und sich von seinen Gefühlen abschottet, bis nur noch Wut übrig bleibt, dann sind das keine bedauernswerten Nebenwirkungen, sondern Werkzeuge des Patriarchats.

Könnten Männer im Vollbesitz ihrer Liebes- und Empathiefähigkeiten noch mit Frauen zusammenleben, wenn sie wüssten, was sie ihnen regelmäßig antun? Vielleicht ist die sogenannte männliche Alexithymie auch ein Mittel, sich von der Realität der patriarchalen Ungerechtigkeit abzuschotten. Ein Werkzeug, mit dem man Frauen niedertrampeln, ihre Arbeit und ihre Sexualität ausbeuten kann, ohne sich selbst allzu sehr hinterfragen zu müssen.

Trotzdem habe ich weiter oben jenen Männern, die sich von ihren Emotionen abschotten und so ihrer Persönlichkeit schaden, mein Mitgefühl ausgesprochen. Dafür entscheiden sie sich ja nicht in jedem Fall wissentlich oder aus freien Stücken. Viele Männer tun es dennoch, weil ein enormer sozialer Druck herrscht, sich an die Norm anzupassen, und alle, die das nicht tun, wiederum einen erheblichen Preis dafür zahlen. Ich kann alle Männer nur dazu ermutigen, den Versuch zu wagen und sich von dieser Bürde zu lösen, sich zu öffnen und alles dafür zu tun, dass sie nicht eigenhändig ihr ganzes Leben das Klo runterspülen. Und ich hoffe, dass sie sich dafür Hilfe suchen, und zwar nicht nur bei den Frauen in ihrem Leben.

Wenn dieses Buch männliche Leser findet, so wünsche ich mir, dass jene unter ihnen, die anfällig für die Fänge des Antifeminismus sind, verstehen, dass wir Frauen nicht die Quelle ihrer Probleme darstellen. Dass ihre tiefe Unzufriedenheit und ihre Unfähigkeit, Glück zu empfinden, nicht auf das Konto jener Frauen geht, die gegen das Patriarchat kämpfen. Dass sie sich vom Ballast ihres enttäuschenden Männerlebens trennen können, indem sie eine Therapie beginnen und Zugang zu ihren Gefühlen finden ... und wenn sie dadurch zu Schwächlingen werden – umso besser.

Ich weiß aber auch, dass man mit den Mitteln der Psychologie keine neuen, besseren Männer in Massen produzieren kann. Das Patriarchat lässt sich nicht besiegen, indem man Männer dazu aufruft, sensibler zu werden, während unsere Gesellschaft sie systematisch zum Gegenteil antreibt und dafür auch noch belohnt. Die männliche Psyche resultiert nämlich aus dem Patriarchat, und nicht andersrum. Um es zum Einsturz zu bringen, wird es nicht reichen, Männer ein bisschen netter zu machen.

Zur Vertiefung:

Gilligan, Carol/Snider, Naomi (2018): *Why Does Patriarchy Persist?* Cambridge: Polity Press.
Die Autorinnen dieses Buches, beide Psychologinnen, legen die Gründe dafür dar, dass das Patriarchat weiter Bestand hat. Für dieses Kapitel meines Buches verdanke ich ihnen viel, auch wenn ich mich schwertue mit psychologischen Begründungen für Phänomene, die meiner Meinung nach tiefer greifen und struktureller Natur sind.

Milano, Léonora (Hrsg.) (2017): *Marianne et le garçon noir.* Paris: Pauvert.
Auf das Thema von männlichen Gefühlen am Schnittpunkt von Geschlecht und *Race* bin ich nur äußerst knapp eingegangen. Anhand einiger Texte dieser Essaysammlung könnt ihr das Thema etwas tiefgehender betrachten, denn ich denke nicht, dass ich die Richtige bin, um darüber ausgebreitet zu schreiben. Ausgangspunkt dieses Gemeinschaftswerks ist rassistische Polizeigewalt. Léonora Milano hat verschiedene panafrikanische Autor*innen gebeten, über die Stellung Schwarzer Männer in Frankreich zu schreiben,

und diese Sammlung bietet eine breitgefächerte Auswahl an politischen, psychologischen, literarischen und poetischen Antworten.
(Anm. d. Übers.: Ein anderes Buch von Léonora Milano, *Sisterhood: Für einen anderen Dialog zwischen den Frauen der Welt*, erschien 2022 in deutscher Übersetzung von Claudia Steinitz und Uta Rüenauver beim Aufbau Verlag.)

Stoltenberg, John (1999): *Refusing to be a Man. Essays on Sex and Justice. Revised Edition.* London und New York: Routledge.
Diese Essaysammlung ist zwar schon etwas älter (die meisten Texte stammen aus den 1970er Jahren), bietet aber die nach wie vor stichhaltige Sichtweise eines Mannes, der sich für einen radikalen Feminismus eingesetzt hat, und das zu einer Zeit, in der nur wenige Männer es wagten, Männlichkeit und Heterosexualität abzulehnen. Beim Lesen dieses Buches bekommt man den Eindruck, dass John Stoltenbergs Überzeugungen ihn in Hinblick auf seine männliche Position in eine Sackgasse geführt haben. Dennoch hat er Männern eine gute Grundlage geliefert, sich mit dem Feminismus auseinanderzusetzen.

Ergänzende Empfehlungen zur deutschen Übersetzung

Da viele der hier genannten Quellen nur auf Französisch vorliegen, haben der Übersetzer und die Lektorin in Absprache mit der Autorin an der ein oder anderen Stelle weitere Empfehlungen auf deutscher Sprache hinzugefügt.

Bola, J J (2020): *Sei kein Mann. Warum Männlichkeit ein Albtraum für Jungs ist.* Aus dem Englischen von Malcolm Ohanwe. München: Carl Hanser.
Als Bola sechs Jahre alt war, floh seine Familie von Kinshasa nach London. Warum hielten die kongolesischen Männer Händchen und wurden dafür von den Briten angepöbelt? Der Autor hat das Buch über Männlichkeiten geschrieben, das er seinem jüngeren, Rat bedürftigen Ich gerne zu lesen gegeben hätte: *Mask off* – »Runter mit der Maske!«, wie es auf Englisch heißt. Anhand von eigenen Erfahrungen, Zitaten von Stars usw. reflektiert der Autor, was Männer für ihn sind und sein können.

6. »Neue Väter«?

Während ich diese Zeilen schreibe, ist das Recht auf künstliche Befruchtung für alle (wohlgemerkt: für alle außer trans Personen[1]) in Frankreich nach einem lange unerfüllten Versprechen endlich gesetzlich verankert worden, kann jedoch noch nicht so wirklich in die Praxis umgesetzt werden – weil die Verantwortlichen des CECOS (Forschungszentrum für die Erhaltung der Furchtbarkeit von Eizellen und Spermien) behaupten, sie hätten nicht genügend Zeit gehabt, sich auf diese seit Jahren angekündigte Reform vorzubereiten.

Das lange Zögern der Regierungskabinette seit 2012 lädt zu reproduktiven Metaphern ein: Verweist die Unfähigkeit, einen Gesetzesentwurf zu zeugen, nicht auch auf einen Mangel an tatsächlichem Willen, diese Reform zu gebären? Aber ich bin keine Poetin, also unterstelle ich den

1 Anm. d. Übers.: In Frankreich wurde im Rahmen des sogenannten Neuen Bioethik-Gesetzes im Sommer 2021 das Recht auf künstliche Befruchtung auf lesbische Paare und alleinstehende Frauen unter 43 Jahren ausgeweitet, nicht jedoch auf trans Männer.

letzten französischen Regierungen ganz einfach Feigheit und Lesbenfeindlichkeit.

Für alle, die das Ganze nicht verfolgt haben: Künstliche Befruchtung ist in Frankreich legal, seit ... also, schon immer. Sie wurde schon immer praktiziert, auch ohne Gesetz, und in den Jahren 1980-1990 haben durchaus einige Lesben sie in Anspruch genommen.[2] Aber im Jahr 1994 trat in Frankreich das erste Bioethik-Gesetz in Kraft, das lesbische und/oder alleinstehende Frauen formal diskriminierte, indem es ihnen den Zugang

2 Fessard, Louise (September 2019): »PMA: enquête sur le verrou bioéthique de 1994«, https://www.mediapart.fr/journal/france/280919/pma-enquete-sur-le-verrou-bioethique-de-1994

dazu verbot. Immerhin steht hier die Rolle des Vaters auf dem Spiel. Wenn es in einer Familie keinen Papa gibt, wer soll denn dann den zukünftigen Nationalfußballspielern die Abseitsregel erklären?

Die Regierungsmehrheit der Partei *La République en marche*[3] geriet mit diesem Gesetz in eine Zwickmühle, denn sie musste die liberale Sichtweise, dass Homofeindlichkeit heutzutage doch eher als altmodisch gilt, mit den konservativen Forderungen der Gabriels und Brigittes der *Manif Pour Tous* in Einklang bringen. Um also das Gesicht und zugleich die sakrosankte Rolle des väterlichen Spermas zu wahren, wurden im Parlament einige Mischlösungen zusammengezimmert, zum Beispiel der Vermerk »mithilfe von künstlicher Befruchtung gezeugt« auf der Geburtsurkunde eines Kindes mit zwei Müttern – eine Maßnahme, die bei Kindern von Heteropaaren, die künstliche Befruchtung in Anspruch nehmen, nicht zum Einsatz kommt. Warum? Darum!

Offenbar ist es einigen Menschen entgangen, dass es schon seit Langem Mütter gibt, die allein Kinder bekommen; es gab sie sogar schon, bevor Jean-Jacques Goldman uns in seinem Lied »Elle a fait un bébé toute seule« (Sie hat ganz allein ein Kind bekommen) erklärte, dass er da grundsätzlich nichts gegen habe, solange er sie trotzdem ficken dürfe. Aber meistens sind alleinerziehende Mütter diesen Weg nicht aus freien Stücken gegangen: Der Vater ist weg oder war nie da oder zumindest nie genug. Wozu ist ein Vater überhaupt gut? Zu relativ wenig jedenfalls, wenn er sowieso nie da ist.

Aus biologischer Sicht ist er nur insofern unersetzbar, als er fruchtbare Spermien produziert, zumindest wenn es sich um einen cis Mann handelt. Die *Verteidiger*innen* der Väter behaupten hingegen, dass nur ein Vater einem Kind die nötige Disziplin beibringen könne, die als Gegengewicht zur naturgegebenen mütterlichen Sanftheit diene. Dass die Rolle des Vaters darin bestehe, den Kindern Ordnungssinn zu vermitteln, während sie zugleich gegen ihn aufbegehren und somit zu Individuen werden können. Dass er ihnen Mut lehre und tropfende Wasserhähne repariere. Und dass er abends nur deshalb spät nach Hause komme, weil er sich draußen mit der Welt herumschlagen und das Brot auf den Tisch bringen müsse, während Mama sich allein um die Kinder kümmert.

3 Anm. d. Übers.: Vorsitzender der Partei ist der amtierende Staatspräsident Emmanuel Macron. Nach einer Fusionierung mit den Kleinparteien *Agir* und *Territoires de Progrès* im September 2022 heißt die Partei inzwischen *Renaissance*.

Kurzum: Betrachtet man den Begriff »Vaterrolle« einmal genauer, stößt man auf sehr traditionalistische und essenzialistische Vorstellungen des idealisierten Vaters aus den 1950er Jahren, der eine Zigarette nach der anderen raucht und hin und wieder seiner ganzen Familie Ohrfeigen gibt und den Hintern versohlt. Wenn euch dieses Bild bei euren BDSM-Rollenspielen inspiriert, nur zu, ich verurteile niemanden. Allerdings ist dieses Ideal auf dem absteigenden Ast und deshalb hat sich die Vorstellung des »neuen Vaters« herausgebildet. Er wechselt die Windeln, ist den Kindern gegenüber liebevoll und holt sie von der Schule ab. Seit den 1970er Jahren scheint dieses neue Vatermodell wirklich überall als Allheilmittel zu gelten. Oder vielleicht ist es auch nur ein weiterer Beweis für die Dekadenz der westlichen Welt, das Ende aller Ordnung und die allgemeine Feminisierung der Gesellschaft. Worauf ich nur seufzend antworten kann: Schön wär's!

Wer sind die neuen Väter?

Die neuen Väter scheinen ein Post-68er-Phänomen zu sein: große Verfechter der Gleichberechtigung, die genau so viel mit der Kindererziehung zu tun haben wollen wie die Frauen. Der legendären Strenge ihrer eigenen Väter setzen sie eine ganz sanfte väterliche Liebe entgegen. Also eigentlich ziemlich cool, so ein neuer Vater. Leider beruht dieses Phänomen, das uns seit fünfzig Jahren immer wieder in den Medien vorgekaut wird, größtenteils auf einem Etikettenschwindel. Wir wissen doch alle, dass man auf ein Produkt aus dem Supermarkt nur einen Aufkleber mit der Aufschrift »neue Rezeptur« oder »neuer Geschmack« kleben muss, damit es sich besser verkauft, auch wenn niemand so genau weiß, was daran jetzt eigentlich so neu sein soll. Weniger Farbstoff E172 und der Vermerk »Kann Spuren von Soja enthalten«? Revolutionär!

Will man herausfinden, ob diese neuen Väter nun existieren oder nicht, kann man zum Beispiel die Studie zu familiären und generationsübergreifenden Beziehungen von 2011[4] oder eine Insee-Studie über die Verteilung der Hausarbeit aus dem Jahr 2015[5] zu Rate ziehen. Letztere stellt heraus,

4 Régnier-Loilier, Arnaud (2012): *Étude des relations familiales et intergénérationnelles*. Paris: Ined.

5 Champagne, Clara/Pailhé, Ariane/Solaz, Anne (2015): »Le temps domestique et parental des hommes et des femmes: quels facteurs d'évolutions en 25 ans?«. In: *Économie et Statistique*, N° 478-480. 209-242.

dass Ungleichheit bei der Verteilung der Hausarbeit zwischen Eltern noch immer weitestgehend die Norm darstellt. Männer nehmen meist nicht die Rolle einer Bezugsperson ein, sondern die eines Assistenten, der der Mutter »hilft«. Insgesamt verbringen Männer mit ihren Kindern vor allem in Hinblick auf sichtbare und wertgeschätzte Aufgaben Zeit: Sie spielen mit ihnen und übernehmen Erziehungsaufgaben, während die Mütter sich um Windeln und Wäsche kümmern. Außerdem übernehmen die Mütter meist jene Aufgaben, die als unmännlich gelten, zum Beispiel das Anziehen und Baden der Kinder. Keine Sorge, Mann, du musst dir keine Gedanken über die Wahl des richtigen rosa Paillettenkleids für Marie-Claire und des passenden T-Shirts mit Tarnmuster für Bernard machen. Deine Männlichkeit ist in Sicherheit!

Es stimmt, dass es heute weniger Ungleichheit gibt, aber das liegt eher daran, dass (zumindest manche) Frauen weniger tun, und nicht so sehr daran, dass Männer mehr tun. Was für ein Glück also, dass es Putzfrauen und Kindermädchen gibt. Unterm Strich können Frauen für die Verkürzung ihres doppelten Arbeitstages vor allem anderen Frauen danken, und zwar jenen, die sich in prekären Situationen befinden, rassifiziert sind und die Arbeit schultern, für die andere sich zu schade sind.

Ja, seit den 1950er und 1960er Jahren hat es durchaus Änderungen gegeben, diese setzen sich aber seit den 1970er Jahren deutlich langsamer durch, und die Revolution, die überall so gepriesen wird, ist letztendlich dann doch eher bescheiden.

Um die Ebene der Statistiken zu verlassen und zu den Anekdoten zurückzukehren, werdet ihr sicher einwenden, dass ihr solche Väter im echten Leben kennt. Und auch ich kenne einige, war sogar selbst einige Jahre lang so einer, bevor ich das Team Papa verlassen habe. In meiner Paarbeziehung war ich diejenige, die den Babybrei zubereitet oder Urlaub genommen hat, um mit meinem Kind zum Arzt zu gehen. Und eines Tages habe ich mich umgesehen und festgestellt, dass die neuen Väter in meinem Umfeld allesamt freischaffende Künstler, Journalisten oder arbeitslos waren – oft eine Mischung aus alldem –, während ihre Gattinnen allein für ein stabiles Einkommen sorgten. Schlussendlich konnten sie sich also, logischerweise, nur deshalb um ihre Kinder kümmern, weil sie schon seit Jahren nur durch das Einkommen ihrer Partnerinnen lebten. Aber das kommt eben nicht für jede*n infrage.

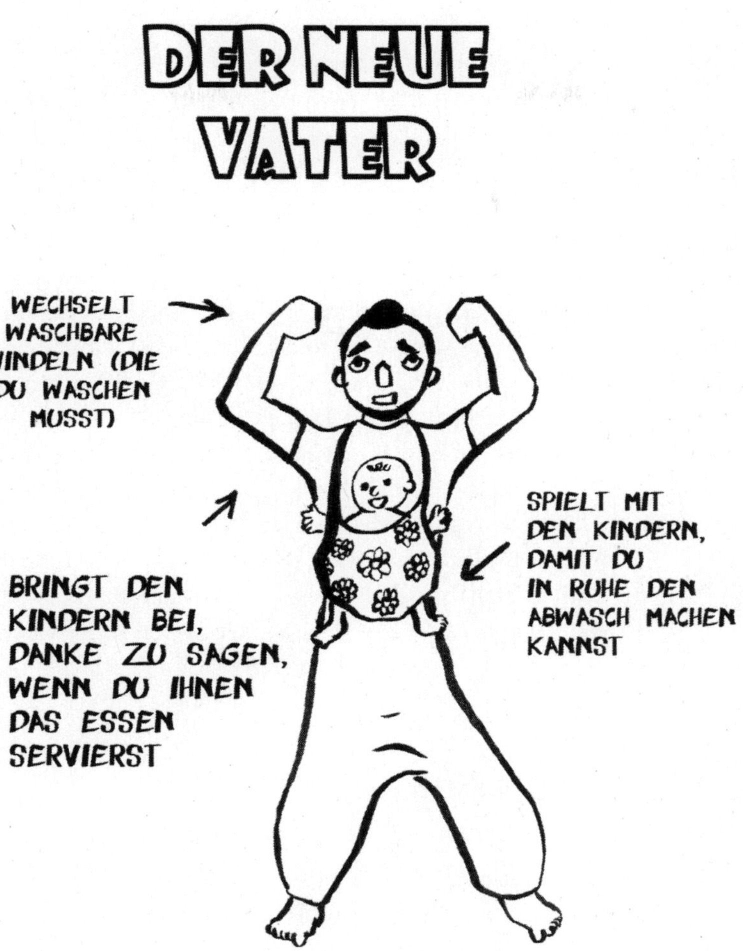

Eine Studie der Harvard Business School[6] über »erfolgreiche« Frauen hat gezeigt, dass Kinder weniger Einfluss auf den beruflichen Erfolg einer Frau haben als ein Partner, der ebenfalls »Karriere macht«. Daher rührt der Ratschlag, den manche Frauen einander geben: *marry down*, heirate einen Mann, der weniger Erfolg hat als du, ansonsten spielst du immer nur die zweite Geige. Dann wechselst du die Windeln und gehst länger in Eltern-

6 Ely, Robin J./Stone, Pamela/Ammerman, Colleen (Dezember 2014): »Rethink what you ›know‹ about high-achieving women«. In: *Harvard Business Review*.

zeit, denn das ist ökonomisch sinnvoller. In einem Land wie Frankreich, in dem Frauen im Schnitt noch immer weniger verdienen als Männer, werden »neue Väter« immer die Ausnahme bleiben.

Ein neuer Vater zu sein ist aber schon eine ziemlich coole Erfahrung. Okay, sich allein und in Vollzeit um ein kleines Kind zu kümmern ist nervenaufreibend und ich selbst hatte das Glück, das immer nur über kurze Zeiträume tun zu müssen (als wir einen Kitaplatz bekommen haben, war das wie ein Sechser im Lotto). Aber wenn man ein Mann ist, profitiert man, wie ich es nenne, von einem doppelten Bonus: Arbeitet man sehr viel und ist kaum zu Hause, wird man bemitleidet, während Mütter dafür eher Vorwürfe zu hören kriegen. Ist man ein »neuer Vater«, der mindestens ein Viertel von dem tut, was die Mutter macht, wird man über den grünen Klee gelobt. Meine Mutter war ganz verzückt darüber, dass ich meinem Kind die Windeln gewechselt habe, denn mein Vater hat das für keines seiner fünf Kinder getan. Wenn ich meinen Sohn in einem Tragetuch dabei hatte, boten mir ältere Damen voller Bewunderung ihren Sitzplatz im Bus an. Gähnte ich ständig, weil das Baby mal wieder nicht geschlafen hatte, war mir das Mitgefühl meiner Kolleg*innen sicher. Auf der Arbeit inszenieren sich Männer gern als tapfere Väter, während junge Mütter für gewöhnlich um jeden Preis ihre Müdigkeit verbergen wollen, weil sie befürchten, dass ihr Kind sich negativ auf ihre Karriere auswirken könnte.

Und was ist mit den Väterrechten?

Seit etwa zwanzig Jahren hört man immer wieder von Vereinigungen, die sich für Väter einsetzen, weil deren Rechte angeblich von einem eindeutig männerfeindlichen Justizsystem ausgehöhlt werden. Wenn Väter sich von ihren Frauen trennen, hätten sie es angeblich meist mit weiblichen und zutiefst männerfeindlichen Richterinnen zu tun, die ihnen ein gemeinsames Sorgerecht oder das Umgangsrecht verwehren, weil sie die Kinder systematisch lieber den Frauen überlassen. Eine Zahl wird dabei oft genannt: In 71 Prozent der Scheidungsfälle wird den Müttern das alleinige Sorgerecht zugestanden.[7] Was diese Vätervereinigungen dabei allerdings unter den

7 Guillonneau, Maud/Moreau, Caroline (November 2013): »La résidence des enfants de parents séparés. De la demande des parents à la décision du juge«, Ministère de la Justice, Direction des affaires civiles et du sceau, Pôle d'évaluation de la justice civile.

Tisch fallen lassen: In 80 Prozent der Fälle werden die Entscheidungen auf beiderseitigen Wunsch der Eltern hin gefällt. Dazu kommen neun Prozent von Eltern, die keinen bestimmten Wunsch äußern, darunter 83 Prozent Väter. In den meisten Fällen wollen diese Väter mit ihrer Scheiß-egal-Haltung ihre Kinder schlicht und ergreifend gar nicht haben.

Und was ist mit den Fällen, in denen das Justizsystem die Väter tatsächlich benachteiligt? Ja, die gibt es sicher auch. Genauso wie es auch zahlreiche Berichte von Frauen und Kindern gibt, die durch ein rechtskräftiges Urteil traumatisiert wurden, weil sie den Kontakt zu körperlich und/oder psychisch gewalttätigen Männern nicht abbrechen dürfen. Ich würde bei Weitem nicht behaupten, dass unser Rechtssystem unfehlbar sei, aber wer leidet denn am meisten unter dessen Schwächen?

Neben den 89 Prozent der Väter, die ihren Willen dadurch bekommen, dass sie mit dem Wunsch der Mutter einverstanden sind oder ihnen die Kinder scheißegal sind, bleiben noch die elf Prozent der Scheidungen, in deren Rahmen es Konflikte über das Sorgerecht gibt. In 52 von 100 dieser wenigen Fälle wird dem Vater das Sorgerecht zugesprochen. Wo genau steckt jetzt also die große Ungerechtigkeit, die Ungleichheit? Wer wird hier benachteiligt?

Warum also sollten wir, wie es manche Vätervereinigungen fordern, ein systematisches gemeinsames Sorgerecht einführen? Was, wenn der Ex gewalttätig ist? Zwänge man Mütter zu einem gemeinsamen Sorgerecht, so müssten Kinder unter Umständen immer wieder in die Obhut eines gewalttätigen Menschen kommen und die Mutter könnte ihrem Ex garantiert niemals ganz entfliehen.

Die Autoritätsperson

Natürlich – und zum Glück! – sind nicht alle Väter gewalttätig. Und auch wenn die Karikatur des autoritären Vaters aus den 1950er Jahren vielleicht nicht mehr so verbreitet ist, sollten wir nicht vergessen, dass der Vater gemeinhin immer noch als »Autoritätsperson« eine Rolle in der Kindesentwicklung spielen soll. Preise ich gerade naiv einen viel zu wohlwollenden Erziehungsstil an, eine Glücksbärchen-Vorstellung, in der Kinder als kleine Könige verhätschelt werden sollen? Die Volksweisheit, die populäre Psychoanalyse und reaktionäre Rechtskonservative sind sich einig: Kinder brauchen Grenzen, damit sie sich vernünftig entwickeln können. Und auch ich bin durchaus dieser Meinung, zumindest solange die Art und die Strenge dieser Grenzen nicht übertrieben sind. Im Übrigen habe ich erst gestern Abend noch meinen Sohn ins Bett geschickt, als er sich die Augen rieb, obwohl er mir versicherte, er sei überhaupt noch nicht müde. Ich bin eben eine echte Folterspezialistin.

Ich hinterfrage allerdings, ob diese Autorität immer und zwangsläufig vom Vater ausgehen muss. Wobei, es scheint mir, dass das in der Praxis

sowieso nie wirklich der Fall war, lockere Väter und strenge Mütter hat es schließlich immer schon gegeben. Mit der Forderung nach Strenge appelliert man an eine traditionelle Vaterrolle, lässt dabei aber meist den historischen Kontext außer Acht. Denn Väter haben eine Geschichte: Der römische Vater war der Alleinherrscher seiner Familie und entschied, welchen Sohn er anerkannte und welchen er »verstieß«, also auf die Türschwelle legte, wo er höchstwahrscheinlich starb. Der Vater bestimmte

auch noch über Leben und Tod seiner Söhne, wenn diese bereits erwachsen waren. Der katholische Vater des Mittelalters wiederum verlor seine Macht an die Kirche. Kindesmord war inzwischen verpönt, denn das Gebot der Stunde lautete: »wachsen und sich vermehren«. War das der Anfang vom Ende der abendländischen Vaterschaft?

Letztlich ist das Bild des abwesenden Vaters, der die Kindererziehung den Frauen überlässt, relativ neu. Es geht auf die Industrielle Revolution und die lohnabhängigen Arbeiter*innen zurück. Wenn der Vater auf dem Feld arbeitete, nahm er seinen Sohn mit, brachte ihm das Handwerk bei und nutzte ihn als Arbeitskraft. Auch seine Frau und die Töchter nahm er mit, denn in der Landwirtschaft spielte jede*r eine Rolle. Traditionalist*innen beziehen sich also auf die recht neu aufgekommene Vaterrolle des Industriezeitalters und tun dabei so, als wäre diese schon immer dieselbe gewesen. Die »Rolle des Vaters« hat sich im Laufe der Zeit massiv gewandelt und ist keineswegs universell oder unveränderlich.

Tatsächlich scheinen sich die Verteidiger*innen der »traditionellen« Vaterschaft mit ihren Forderungen ganz einfach auf ihre eigenen Väter zu beziehen. Und die haben ihnen das Leben schwer gemacht, indem sie sich selbst alle Rechte zugestanden haben, die die heutigen Väter nun auch für sich einfordern: »Mein Vater hat meine Mutter betrogen und mich geohrfeigt, wenn ich schlechte Noten hatte, das wäre ja jetzt unfair, wenn ich mit meiner Frau und meinen Kindern nicht genauso umgehen dürfte.« Das lese ich zumindest zwischen den Zeilen heraus, wenn sich jemand die Rückkehr der Vaterfigur von damals wünscht.

Wer hat hier Ödipus gesagt?

Es wird sicher niemanden überraschen, dass ich in meiner Kindheit ein schwieriges Verhältnis zu meinem Vater hatte. Das ging sogar so weit, dass ich in meiner Jugend Fantasien über seinen gewaltsamen Tod hatte. Das ist ganz normal, heißt es, das nennt man Ödipuskomplex: Um erwachsen zu werden, muss man seinen Vater töten (ihr wisst schon, im übertragenen Sinne). Und diese Fantasien spukten wahrscheinlich vielen Männern im Kopf herum, die sich vor über hundert Jahren bei Freud auf die Therapieliege gelegt haben. Trotzdem muss ich mich fragen: Ist das wirklich unvermeidbar? Und müssen Mädchen zwangsläufig mit ihren Müttern um die Zuneigung ihrer Väter konkurrieren? Wollen wir dieses Modell wirklich um jeden Preis beibehalten und weitervermitteln? Es ist doch ein Problem, wenn wir aus psychoanalytischen Erklärungen aus dem 19. Jahrhundert Vorschriften für unser Leben im 21. Jahrhundert ableiten.

Studien zufolge geht es Kindern, die von zwei Vätern oder zwei Müttern großgezogen wurden, ziemlich gut.[8] Zur Rettung des Ödipus klammern sich also einige Menschen an die Vorstellung, dass in homosexuellen Paaren immer ein*e Partner*in die Männer- und eine*r die Frauenrolle übernimmt. Für Heteros ist das vielleicht beruhigend, aber mal ehrlich: Wir LGBTI-Personen können darüber nur herzlich lachen. Vielleicht wäre es besser, das sehr steife und normative Konzept des Ödipuskomplexes einmal ernsthaft zu revidieren, aber das überlasse ich den queeren Psychoanalytiker*innen, weil ich persönlich Lacan noch nie so richtig verstanden habe.

Wo sind die Väter?

Die traditionellen Antworten auf die Frage nach dem Platz des Vaters habe ich also zurückgewiesen. Er soll keine unnachgiebige Autoritätsperson sein, kein allmächtiges Familienoberhaupt, kein neuer Vater, der verblüffenderweise ab und zu eine Windel wechselt. Was bleibt ihm also? Meine persönliche Antwort lautet: Er soll ganz einfach da sein.

Im Gegensatz zu den Mitgliedern der Organisation SOS Papa, in deren Augen ein gewalttätiger Vater offenbar besser ist als ein abwesender, meine ich damit natürlich nicht, dass er um jeden Preis anwesend sein soll. Väter sollten einfach da sein, weil es schwierig und auslaugend ist, ein Kind allein großzuziehen, und weil zwei Leute einander dabei unterstützen können. Die Elternrollen müssen dabei ja nicht unbedingt vergeschlechtlicht sein: Ein Elternteil kann nachsichtig sein, das andere die Regeln durchsetzen, oder ihr könnt euch damit abwechseln. Und selbstverständlich solltet ihr alle Aufgaben mit eurer Partnerin gerecht teilen. So einfach ist das.

Aber Vorsicht: Wenn ihr als Väter Anspruch auf euren Platz erheben wollt, vergesst nicht, dass das keine leichte Aufgabe ist. Es gibt Millionen Väter, die es nicht einmal schaffen, einfach da zu sein. Seit unzähligen

8 Campion, Juliette (Oktober 2019): »Projet de loi de bioéthique: ce que disent les études et les experts sur les enfants élevés dans des familles homoparentales«, francetvinfo.fr, https://www.francetvinfo.fr/societe/mariage/mariage-et-homoparentalite/projet-de-loi-bioethique-ce-que-disent-les-etudes-et-les-experts-sur-les-enfants-eleves-dans-des-familles-homoparentales_3634451.html

Generationen. Rumzujammern, die künstliche Befruchtung für alle würde dafür sorgen, dass Väter vernichtet werden, ist schon ziemlich unverschämt, wenn man mal bedenkt, wie viele Mütter gern ihren Partner an ihrer Seite gehabt hätten.

Wenn man die künstliche Befruchtung andererseits als radikale feministische Strategie zur Aushöhlung des Abstammungsrechts begreift, verkennt man, was auf dem Spiel steht. Immerhin ging die Feministin Shulamith Firestone davon aus, dass die Schwangerschaft Frauen in der Unterdrückung halte und dass das Patriarchat erst abgeschafft werden könne, wenn Föten allesamt in Inkubatoren heranwachsen.[9] Heutzutage kämpfen Frauen eher für das Recht auf Schwangerschaft. Ich würde sagen: In Hinblick auf unsere Treue zu traditionellen gesellschaftlichen Werten müsst ihr Männer euch also keine allzu großen Sorgen machen.

Also, was tun wir denn nun? Die erste offensichtliche Antwort lautet: Wir kämpfen für die Einführung einer obligatorischen, gleich langen Elternzeit für beide Elternteile unabhängig von ihrem Geschlecht. Das würde vielen Paaren helfen, aber auch nicht alle Probleme lösen, denn für die Typen, die sowieso den ganzen Tag faul auf ihrem Arsch rumsitzen, würde das einfach drei Monate Gratisferien bedeuten. Oder Schlimmeres, denn es ist ja bekannt, dass Partnerschaftsgewalt oft während der Schwangerschaft beginnt. Gewalttätige Väter und Ehemänner den ganzen Tag mit ihren Opfern einzusperren klingt jetzt nicht gerade wie ein superfeministisches Ziel.

Aber daneben gibt es auch noch eine andere, unerwartete Nebenwirkung: In Spanien, wo eine solche Elternzeit eingeführt wurde, hat man festgestellt, dass Väter, die sich um ihr Neugeborenes kümmern mussten, die geplante Menge der gewünschten Kinder noch einmal überdacht und reduziert haben. Ja, ich sage es noch mal: Für ein Baby zu sorgen ist die undankbarste Aufgabe, die man in seinem Leben übernehmen kann.

Einige Reformen kommen zwar in einem progressiven Gewand daher, können für Frauen aber auch eine ziemliche Abzocke bedeuten: Die Elternzeitreform, die in Frankreich zwischen 2013 und 2016 durchgesetzt wurde, sollte Väter dazu ermuntern, häufiger in Elternzeit zu gehen, indem man ihnen dabei dieselben Rechte wie den Müttern gab. Allerdings wurden so ganz nebenbei die Zuwendungen (gedeckelt auf 396 Euro pro Monat, also

9 Firestone, Shulamith (1975): *Frauenbefreiung und sexuelle Revolution.* Aus dem Englischen von Gesine Strempel-Frohner. Berlin: S. Fischer Verlag.

nicht mal im Ansatz genug zum Leben) und die Höchstdauer des Mutterschutzes (von drei auf zwei Jahre) reduziert. Dadurch konnten die Sozialversicherungen einerseits eine Milliarde Euro sparen, andererseits stieg die Zahl der arbeitslosen Frauen. Und Väter gehen letztendlich nicht häufiger in Elternzeit (wer könnte es ihnen bei dieser Vergütung verdenken?). Man möge mir also bitte verzeihen, wenn ich misstrauisch werde, sobald mir jemand Väterrechte als feministische Angelegenheit verkaufen will.

Schlussendlich ist es also wahrscheinlich sinnvoller, sich für den Ausbau von Kitaplätzen einzusetzen. Dadurch wären Mütter insgesamt freier, ihre Karrieren weiterzuführen, und außerdem würde es zu mehr Gleichheit zwischen Eltern führen. Wenn wir die materiellen Voraussetzungen für eine bessere Aufgabenteilung und für die Autonomie der Mütter gewährleisten sowie das Stigma dieser Aufgaben als entweder »mütterlich« oder »väterlich« abschaffen, dann werden wir dadurch nicht nur neue Väter erschaffen, sondern auch und vor allem neue Eltern.

Zur Vertiefung:

Blanc, Aurélie (2018): ***Tu seras un homme – féministe – mon fils!*** **Paris: Marabout.**

Es gibt sehr viele Bücher zur geschlechtsneutralen Erziehung von Mädchen, mit der man sie nicht in Klischees von Prinzessinnen und Pailletten zwängt. Soweit ich weiß, gibt es aber nur ein einziges Buch, das euren Söhnen vermittelt, wie schön Prinzessinnen und Pailletten eigentlich sein können. Dieses Buch ist etwas für euch, wenn ihr verhindern wollt, dass euer kleiner Sohn zum Macho wird, auch wenn die Gesellschaft ihm schon im Kindergarten beibringt, lieber mit Autos als mit Puppen zu spielen.

Kammerer, Béatrice/Johais, Amandine (2017): ***Comment éviter de se fâcher avec la terre entière en devenant parent?*** **Paris: Belin.**

Das vierte Kapitel dieses Buches (»Sind die neuen Väter die besseren Mütter?«) hat diesen Teil meines Buches sehr inspiriert. Die Autorinnen gehen auch auf verschiedene andere essenzielle Fragen für Eltern ein und schreiben sehr lehrreich und ohne Schuldzuweisungen. Muss man unbedingt vor dem 35. Lebensjahr schwanger werden? Sollte man egoistische Kinder disziplinieren? Entwickelt sich euer Kind in der *richtigen* Geschwindigkeit? Solche Unsicherheiten plagen die meisten Eltern, und dieses Buch gibt euch die Möglichkeit, eigene Antworten darauf zu finden.

Knibiehler, Yvonne (1987): ***Les pères aussi ont une histoire.*** **Paris: Hachette.**
Vom allmächtigen römischen *pater familias* über die Väter des mittelalterlichen Katholizismus und der Aufklärung, die napoleonischen Väter und die der Industriellen Revolution bis hin zu den »neuen Vätern« – Yvonne Knibiehler zeichnet die Entwicklungen der Vaterrolle nach und zeigt, auch wenn sie sich auf einen westlichen Standpunkt beschränkt, dass es im Laufe der Zeit kein einheitliches, konstantes Ideal der Vaterschaft gegeben hat.

Ergänzende Empfehlungen zur deutschen Übersetzung

Pickert, Nils (2020): ***Prinzessinnenjungs: Wie wir unsere Söhne aus der Geschlechterfalle befreien.*** **Weinheim: Beltz Verlag.**
Nils Pickert hinterfragt die gängigen Erwartungen, die an Jungs herangetragen werden. Anhand vieler Beispiele und Tipps schildert er, wie Eltern ihre Söhne dabei unterstützen können, sich jenseits der Geschlechterfalle zu entfalten, und auch jenen Bedürfnissen, Vorlieben, Ängsten und Fähigkeiten Raum zu geben, die oft als »mädchenhaft« abgetan werden.

König, Jochen (2018): »Mütter und Väter«, in: ***O Mother, Where Art Thou?. (Queer-)Feministische Perspektiven auf Mutterschaft und Mütterlichkeit,*** **Münster: Verlag Westfälisches Dampfboot, S. 162–168.**
Der Autor schreibt über seine Erfahrung, als Mann von Anfang an die Hauptverantwortung für sein Kind übernommen zu haben. Er dekonstruiert dabei das Bild der »neuen Väter« und zeigt auf, dass Mütter und Väter gesellschaftlich völlig unterschiedlich bewertet werden. Damit ist der Artikel ein Plädoyer dafür, sich unabhängig von diesen Festschreibungen zu entscheiden, wie man die eigene Elternschaft leben möchte.

Dritter Teil. Männer unter sich

Das Patriarchat mag zwar auf der Ausbeutung von Frauen errichtet worden sein, aber trotzdem stehen sie nicht immer im Zentrum der männlichen Aufmerksamkeit. Sehr oft scheinen Männer am liebsten gar nicht an sie zu denken. Wenn man sich für überlegen hält, sucht man logischerweise eher die Achtung von seinesgleichen. Das patriarchale System baut entsprechend größtenteils auf Beziehungen zwischen Männern auf. Und wenn euch das alles ein bisschen schwul vorkommt – dann liegt ihr damit absolut richtig.

7. Warum sind Männer lieber unter Männern?

Ist euch das Wort Homosozialität ein Begriff? Diese Plage kann unsere Kinder schon sehr früh treffen. Manchmal werden sie von ihren Schulkamerad*innen, manchmal aber auch von Erwachsenen oder sogar Eltern und Lehrer*innen in die Homosozialität gedrängt, und das schon im Kindergarten oder sogar noch früher. Auf Schulhöfen und Spielplätzen wird unseren unschuldigen Engeln diese perverse Doktrin eingebläut, zu der sie sich dann ein Leben lang zugehörig fühlen.

Aber was ist eigentlich Homosozialität? Es handelt sich um einen soziologischen Begriff für das Phänomen, dass Menschen nicht-sexuelle Beziehungen am liebsten mit Menschen desselben Geschlechts eingehen. In der Realität fängt das damit an, dass Jungen auf dem Schulfußballfeld unter sich bleiben, während Mädchen lieber Gummitwist spielen, und endet damit, dass Frauen später einmal kochen, während Männer auf dem Sofa sitzen und Fußball gucken.

Vielleicht seht ihr darin kein Problem, aber vergesst nicht, dass das Ganze noch tiefer geht. Homosozialität hat System: Zuerst findet man es ganz normal, nur Jungen als Freunde zu haben, und später hinterfragt man es dann gar nicht mehr, wenn man auch in Vorständen oder Parlamenten nur von Männern umgeben ist. Denn, ja, die Erfindung der Geschlechtertrennung geht auf Männer zurück. Und dank ihnen ist sie noch immer sehr verbreitet.

Machen wir Platz für den emotionalen Teil: Ich möchte von einer Erinnerung berichten, die das Ganze veranschaulicht. Als ich noch ein kleines Kind war, verbrachte ich viel Zeit mit D., der Tochter von Freund*innen meiner Eltern. Man sagte uns, dass wir ineinander verliebt seien, weil das in heteronormativen Gesellschaften eben zum guten Ton gehört. Freundschaften zwischen Jungen und Mädchen sind offenbar unmöglich, auch wenn sie noch keine drei Jahre alt sind. D. und ich fanden Gefallen daran und wir beschlossen, später einmal zu heiraten.

WIR KÖNNEN STOLZ AUF UNSERE BEMÜHUNGEN UM GLEICHBERECHTIGUNG SEIN, ODER, JUNGS?
JA ABER … ZU WEIT GEHEN SOLLTEN WIR AUCH NICHT.
INDEM IHR ETWA NOCH EINE ZWEITE FRAU ANSTELLT, ODER WIE?

Tragischerweise gingen wir bald in die Vorschule und bekamen somit Kontakt zu anderen Jungen und Mädchen unseres Alters. Zuerst war das ganz cool, wir haben zusammen »Alle meine Entchen« gesungen, einander beim Mittagsschlaf aufgeweckt und uns zum Spaß gegenseitig mit Bastelscheren die Haare geschnitten. Aber nach und nach spielte ich mehr mit Jungs und sie mehr mit Mädchen. Unsere Interessensgebiete gingen auseinander und unsere Verlobung wurde aufgelöst, ohne dass wir auch nur ein Wort sagen mussten.

Beim Lernen der Geschlechterrollen erlitt ich noch ein paar Rückschläge. Zum Beispiel lachte D. einmal über mich, weil meine Lieblingsfarbe Gelb war, eine Mädchenfarbe (wie mir niemand mitgeteilt hatte!), die ich also lieber durch Lila ersetzte, das kam mir wahrscheinlich männlicher vor. Aber insgesamt hatte ich meine Lektion gelernt: Jungen sind mehr wert als Mädchen, also sollte man sich untereinander nicht vermischen. Vielleicht hatte ich das zu sehr verinnerlicht? Weil ich Mädchen so doof fand, schlug ich meinem besten Freund B. vor, dass wir uns verlieben könnten, und ich sagte allen, die es hören wollten, dass wir eines Tages heiraten würden.

Leider war diese Idylle nur von kurzer Dauer. Vergesst nicht, dass ich damals als Junge lebte (drolliges Missverständnis aber auch!). Als ich B. auf dem Schulhof einmal Handküsse zuwarf, rannte sofort eine Lehrerin herbei, um mir zu erklären, dass Jungen sich nur in Mädchen verlieben und umgekehrt. Das, was ich da tat, sei also etwas sehr Schlechtes. Mein frühzeitiges Engagement für die Ehe für alle nahm an dieser Stelle ein jähes Ende und vergrub sich unter der Präsidentschaft François Mitterrands in Stille und Scham.

Ich bin also das Ergebnis eines Zwangsexperiments, in dessen Rahmen ich eine bestimmte »Gender-Theorie« erlernen sollte. Genau wie ihr. Diese Theorie ist komplex und seltsam, und sie regelt strikt die Grenzen von Freundschaft und Liebe zwischen Jungen und Mädchen. Einige Jahre habe ich gebraucht, bis ich diese für mich sehr schamhafte Begebenheit nicht mehr unterdrückt, sondern verstanden habe, was sie mit meinem Erlernen von Geschlechterrollen und sexueller Orientierung zu tun hatte. Kindern bringt man bis zu ihrem sechsten Lebensjahr bei, dass es zwei super wichtige Kategorien gibt und diese eindeutige Grenzen haben. Ja, mein Sohn, du sollst die Gesellschaft von Männern suchen, aber nicht auf *diese* Weise.

Männer unter sich, aber nicht *zu sehr*

Homosozialität geht oft Hand in Hand mit Heterosexualität. Irgendwann hat mir ein schwuler Mann mal gesagt: »Es gibt nichts Schwuleres als Heteromänner.« Stimmt schon, dass es was Schwules hat, wenn diese ganzen Typen ihre gesamte Zeit miteinander verbringen, oder? Keine Sorge, das ist ihnen selbst schon aufgefallen. Das erklärt Eve Kosofsky Sedgwick in ihrem Werk *Between Men*[1]: Homosozialität und Homosexualität existieren ihrer Ansicht nach auf einem Kontinuum. Männer seien homosozial, weil sie in einer frauenfeindlichen Gesellschaft leben und alles Männliche auf Kosten des Weiblichen wertgeschätzt werde. Wenn Männer überlegen sind, ist es einfach natürlich, dass man ihre Gesellschaft sucht, nicht wahr?

Verbringt man seine Zeit unter Männern, sind Zuneigung und Rivalität, Hierarchie und Neid grundlegend. Sich selbst und anderen zu beweisen, dass man seinen Platz in dieser männlichen Gesellschaft verdient, ist wichtiger als alles andere. Man täuscht sich oft in der Annahme, dass Männer mit ihren Taten Frauen beeindrucken wollen. Selbst wenn Jungen denken, sie würden etwas tun, um eine Frau zu verführen, steht häufig vielmehr ihre Stellung in dem großen Schwanzwettbewerb, der ihr Leben ausmacht, auf dem Spiel.

Selbstverständlich liegt dieser unerbittlichen Würstchenparty eine Spannung zugrunde. Mit Männern Umgang zu pflegen, sie zu bewundern, ihre muskulösen Körper bei Sportwettkämpfen zu glorifizieren, all das ist total normal und vertretbar. Anfassen ist aber verboten. Man muss sich um jeden Preis von der logischen Folge seiner Zuneigungen abschotten. Denn wenn man diese übertritt und homosexuell wird, wird man zum Penetrierten, also weiblich, also unterlegen.

Eve Kosofsky Sedgwick hat gezeigt, wie Männer strategisch Homofeindlichkeit und Heterosexualität nutzen, um maskuline, wünschenswerte Homosozialität von ihrer verschmähten Nachbarin, der Homosexualität, abzugrenzen. Ständig beleidigen sie einander als Schwuchteln und Schwanzlutscher und machen verschiedenste (aber nicht sehr einfallsreiche) schwulenfeindliche Witze. Auf diese Weise lässt sich die Spannung bezwingen: Je mehr Umgang man mit Männern hat, je mehr man Männer mag, desto lauter muss man brüllen, dass man keine Schwuchtel und kein Schwächling ist.

---

1 Kosofsky Sedgwick, Eve (1985): *Between Men. English Literature and Male Homosocial Desire*. New York: Columbia University Press.

DER TYP SOLL MEINEN SCHWANZ LUTSCHEN!
ICH FICK DEN!
HAHA, DEM WICHSER STECK ICH DEN FINGER IN DEN ARSCH!
SOLCHE SCHWUCHTELN FICKE ICH!
HÖRT AUF, ICH MAG IHN EIGENTLICH GANZ GERN!
OH OH, DU SCHWUCHTEL!

Da Eve Kosfosky Sedgwick Literaturwissenschaftlerin ist, beschreibt sie dieses Phänomen anhand von fiktionalen Texten. Und sobald sie es euch einmal erklärt hat, seht ihr es überall. Genau wie Casanova, der die Gattinnen von Adeligen verführt, um zu zeigen, dass er ihnen überlegen ist, nutzen Männer Frauen wie Bauern in einem Schachspiel, um untereinander eine Hierarchie zu errichten. Will ein Mann mit einer Frau schlafen, um zu zeigen, dass er ein richtiger Mann ist, also in einer frauenfeindlichen Welt seinen Wert unter Beweis stellen, dann richtet sich diese Botschaft vor allem an alle anderen Männer. Denn nur das Urteil von Gleichrangigen zählt wirklich. Letztendlich sind Frauen als Menschen bei der ganzen Sache eher unwichtig.

Männliche Homosozialität ist ein Teufelskreis: Je maskuliner man ist und je mehr man Männlichkeit glorifiziert, desto frauen- und schwulenfeindlicher muss man sein. Denn nur so lässt sich die Spannung auflösen, die dem Heterosexualitätszwang in einer frauenfeindlichen Gesellschaft innewohnt. Man bringt Männern bei, Frauen zu hassen, gleichzeitig aber sie und nur sie zu lieben. Man bringt ihnen bei, Männer zu mögen, aber es ist ihnen verboten, sie zu begehren. Viel Spaß dabei, in diesem völlig kaputten System irgendwie zurechtzukommen.

Wie lässt sich männliche Homosozialität bekämpfen?

Nachdem das nun alles gesagt ist – was machen wir jetzt? Die gute Nachricht ist, dass wir im letzten Jahrhundert schon sehr viel gegen institutionelle Homosozialität getan haben. Heute haben die allermeisten Schulen gemischte Klassen, es gibt Quoten für Wahllisten und es gilt gemeinhin als skandalös, wenn irgendeine Örtlichkeit Frauen offiziell vorenthalten wird. Etwas komplizierter wird es, wenn männliche Homosozialität nicht juristisch vorgeschrieben, aber faktisch vorhanden ist.

Es wäre vorstellbar, Quoten nicht nur auf Wahllisten anzuwenden, sondern darüber hinaus auch in anderen Gebieten, zum Beispiel in Unternehmen und Aufsichtsräten, in Organisationen oder sogar in Sportmannschaften. Würde das ausreichen? Nein. Homosozialität ist zum einen eine Konsequenz aus dem System der vergeschlechtlichten Herrschaft und zum anderen einer der Gründe für dessen Aufrechterhaltung. Nachdem in Schulen gemischte Klassen eingeführt wurden, ist ja auch nicht plötzlich eine feministische Utopie entstanden, und die erreichen wir auch dann nicht, wenn ich jedem meiner Leser sage, er solle zwei neue Freundschaften mit Frauen schließen. Zur Niederschlagung der männlichen Homosozialität braucht es nicht weniger als eine feministische Revolution.

Männer denken, sie würden Frauen lieben. Und doch lesen die wenigsten von ihnen unsere Bücher; sie verachten Filme für ein weibliches Publikum und kennen nicht auch nur eine einzige Regisseurin. Habt ihr euch schon mal das Bücherregal eines Mannes genauer angeschaut? Oder die Frauen gezählt, die in Jurys sitzen, mit Literaturpreisen bedacht werden und bei von Männern organisierten Filmfestivals vertreten sind? Die meisten Männer lieben uns nicht so sehr, wie sie andere Männer lieben, oder sie weisen sogar aggressiv alles zurück, was den Stempel des Weiblichen trägt.

Weibliche Homosozialität wird natürlich auch akzeptiert, beziehungsweise sogar unterstützt, zumindest, solange sie nicht die Grenzen der Tätigkeiten der »guten Frau« überschreitet. Weibliche Homosozialität muss ein Notbehelf bleiben, etwas, das man tut, wofür man sich aber ein wenig schämt und das man im Schrank versteckt, wenn Männer auftauchen.

Wenn Alice Coffin in ihrem Buch *Le Génie lesbien*[2] betont, Frauen den Vorrang einräumen zu wollen und damit unter den Beherrschten das reproduziert, was Männer untereinander schon seit jeher tun, erregt sie damit Anstoß. Die Welt der reaktionären französischen Medien heult auf und beklagt Coffins Separatismus, ohne jedoch in irgendeiner Weise den männlichen Separatismus infrage zu stellen. Vielleicht wissen Coffins Gegner genau, dass männliche Homosozialität eine ihrer besten Waffen ist und dass Frauen, die Frauen bevorzugen, eine Gefahr für die männliche Herrschaft darstellen. Frauen den Vorrang einzuräumen, solidarisch zu sein, sich zu weigern, Männern den Vorzug zu geben – das sind wichtige erste Schritte in Richtung dieser feministischen Revolution.

Zur Vertiefung:

Gourarier, Mélanie (2017): ***Alpha mâle. Séduire les femmes pour s'apprécier entre hommes.*** **Paris: Seuil.**

Die Anthropologin hat sich für ihre Doktorarbeit die Community französischer Pick-up-Artists näher angeschaut. In einem späteren Kapitel werde ich auch noch auf diese maskulinistischen Gruppen zu sprechen kommen, aber

2 Coffin, Alice (2020): *Le Génie lesbien*. Paris: Grasset. (Anm. d. Übers.: »Das lesbische Genie«, bisher nicht ins Deutsche übersetzt.)

jenseits der Klischees über diese »Flirtkünstler« erfährt man in Gourariers Buch vor allem, dass diese Männer nach außen hin zwar fasziniert von der Vorstellung sind, Frauen zu verführen, tatsächlich aber nur wenig Interesse an uns zeigen. Sie schlafen zwar mit Frauen, doch ihre Liebe behalten sie anderen Männern vor.

hooks, bell (1984): *Feminist Theory: From Margin to Center.* Boston: South End Press.
In diesem Buch liefert die afroamerikanische Aktivistin hooks eine heftige Kritik des Feminismus, der bis zum Erscheinen des Buches (und auch heute noch immer) von weißen, heterosexuellen, bürgerlichen Frauen gestaltet wurde. Das Buch ist aber mehr als ein Schlag ins Gesicht, nämlich ein Ratgeber für den Aufbau einer echten feministischen Solidarität, die über eine bloße vorgegebene Inklusion hinausgeht. hooks spricht zwar hauptsächlich für Schwarze Frauen in den USA, aber ihre Worte sind auch für all jene Frauen wichtig, die sich an den Rändern des Mainstream-Feminismus bewegen.

Kosofsky Sedgwick, Eve (1990): *Epistemology of the Closet.* Kalifornien: University of California Press.
Dieses Kapitel wurde vor allem von dem Buch *Between Men* derselben Autorin inspiriert. Das wurde aber bisher nicht ins Französische übersetzt und ist selbst mit guten Englischkenntnissen nicht so leicht zu verstehen. Daher empfehle ich stattdessen dieses Buch, das genauso interessant ist (Anm. d. Übers.: Keines der beiden Werke wurde bisher ins Deutsche übersetzt). Mit den Methoden der vergleichenden Literaturwissenschaft zeigt Eve Kosofsky Sedgwick, wie der Zustand der »homosexual panic« die Beziehungen zwischen Männern strukturiert (und darum wird es im nächsten Kapitel gehen).

Ergänzende Empfehlung zur deutschen Übersetzung

hooks, bell (2023): *Ain't I a Woman. Schwarze Frauen und Feminismus.* Aus dem Englischen von Helene Albers. Münster: Unrast Verlag.
Alternativ zu *Feminist Theory* bietet sich auf Deutsch die Lektüre dieses Buches an, das 1981 geschrieben wurde und in dem bell hooks zeigt, dass die feministische Bewegung in den USA kaum daran interessiert war, für die Belange Schwarzer Frauen zu kämpfen. Darüber hinaus wirft sie darin einen kapitalismuskritischen Blick auf die geschlechterspezifische Arbeitsteilung in der Gesellschaft, die sich insbesondere in Schwarzen Familien auswirkt.

8. »Macht mich das jetzt schwul?«

Männlichkeit ist eine fragile Angelegenheit. Eine zweideutige Geste gegenüber einem anderen Mann, die falsche Kleidungsfarbe oder ein etwas zu hohes Lachen – es reicht ein lächerliches Detail, und schon wird sie in Zweifel gezogen, von anderen oder auch von einem selbst. Damit die Männlichkeit also nicht erschüttert wird, müssen Männer in Sachen Frauenfeindlichkeit, Schwulenfeindlichkeit und völlig hirnrissiger Aktionen immer noch einen drauflegen. »Und wenn deine Freunde aus dem Fenster springen, springst du dann hinterher?«, fragten unsere Mütter früher. Doch da haben sie etwas nicht verstanden: Wenn man beweisen will, dass man ein richtiger Mann ist, dann muss man manchmal wirklich aus diesem Fenster springen. Oder besser noch: jemand anderen hinausstoßen.

Wollen Männer ihre ständig infrage gestellte Männlichkeit untermauern, können sie mit kleinen Dingen anfangen, die ganz harmlos scheinen, etwa ihre Freunde auf dem Schulhof als »Schwuchtel« oder »Schwanzlutscher« bezeichnen, damit gleich klar ist, was akzeptabel ist und was nicht. Sich davon überzeugen, dass sie Mariah Carey nicht mögen. Bei einem Stunt mit dem Roller zeigen, dass sie »Eier in der Hose« haben und sich dabei das Schlüsselbein brechen. Sie können sogar noch Schlimmeres tun, sich zum Beispiel an einer Gruppenvergewaltigung beteiligen – wie ließe sich besser zeigen, dass man auf gar keinen Fall schwul ist? Oder Donald Trump wählen. Oder nicht mehr Mariah Carey hören.

Wisst ihr noch, wann ihr zum ersten Mal vom Konzept Homosexualität gehört habt? Für ein paar von euch, die jünger sind als ich, klingt diese Frage vielleicht absurd. Seid ihr in einem Umfeld aufgewachsen, in dem Homosexualität zum Bereich des Sagbaren gehörte, und wart ihr euch deshalb immer der Tatsache bewusst, dass Menschen homosexuell sein können? Ihr Glückspilze.

Die drei Hauptquellen meiner Bildung im Alter von null bis zehn Jahren, also meine Eltern, die Schule und Kinderserien, waren sich in dieser Hinsicht allerdings ganz einig: Kinder sollten besser nichts von alldem erfahren.

Als ich beschloss, dass mein bester Freund mein fester Freund sein sollte, wie in der Anekdote im vorigen Kapitel geschildert, dachte ich, dass ich damit etwas vollkommen Neues erfinde, schließlich konnte ich es nicht in Worte fassen. Niemand hatte mich darauf vorbereitet, dass ich auf dem Schulhof eines Tages von der Existenz von »Schwuchteln« erfahren würde, die sich »gegenseitig den Schwanz in den Arsch stecken«. Etwas später, im Alter von etwa zehn oder elf Jahren, entdeckte ich in einem Pornomagazin, das mein Bruder irgendwo gefunden hatte, dass es auch Lesben gibt. Alles in allem bekam ich dadurch nicht so wirklich Lust darauf, mich in der einen oder der anderen Rolle wiederzufinden.

Als das Wort jedoch einmal losgelassen war, breitete es sich auf den Schulhöfen so schnell aus wie der Name eines neuen Pokémon. Auf der weiterführenden Schule beleidigten sich die Jungen untereinander als »Schwuchtel« oder »Schwanzlutscher«. Die Mädchen hingegen wurden von all ihren Schulkamerad*innen als »Schlampen« und »Huren« bezeichnet. Und trotz der vermeintlichen Fortschritte im Bereich LGBTI-Rechte erfreuen sich diese Traditionen bis heute ungebrochen großer Beliebtheit.[1] Homofeindlichkeit ist nach wie vor ein hochgeschätzter Wert, und das nicht nur auf Schulhöfen. Laut einer Umfrage des IFOP stimmen in Frankreich 79 Prozent der heterosexuellen cis Männer mindestens einer von acht homofeindlichen Aussagen zumindest teilweise zu; bei den Frauen hingegen sind es 66 Prozent.[2] Woher kommt dieser Unterschied? Woher kommt diese Besessenheit, »nicht schwul wirken« zu wollen? Im vorigen Kapitel habe ich bereits eine oberflächliche Antwort auf diese Frage gegeben, ich möchte sie nun aber ein wenig vertiefen. Wundert euch bitte nicht darüber, dass der Teil des Buches, in dem es um das Verhältnis zwischen Männern geht, vor allem von Homosexualität handelt. Wenn ihr einmal ganz genau hinhört, werdet ihr merken, dass Heteromänner sich miteinander über kaum etwas anderes unterhalten. Ich bin davon überzeugt, dass die Ablehnung der Homosexualität und damit auch die Bejahung der Heterosexualität eine tragende Rolle bei der Identitätskonstruktion des »richtigen Mannes« spielen. Hegemoniale Männlichkeit lutscht keine Schwänze.

1 Centre Hubertine Auclert (2016): *Cybersexisme chez les adolescent-e-s (12–15 ans). Étude sociologique dans les établissements franciliens de la 5e à la 2nde*, Paris.

2 IFOP (2019): »50 ans après Stonewall : le regard des Français sur l'homosexualité et la place des LGBT dans la société«. IFOP-Studie für die Stiftung Jasmin Roy Sophie Desmarais.

Was hindert Männer daran, schwul zu sein?

Wissenschaftler*innen haben gezeigt, dass der Werdegang homo- und bisexueller Frauen weitaus fluider ist als derjenige homo- und bisexueller Männer.[3] Im Laufe ihres Lebens können sich Frauen immer wieder anders identifizieren, während Männern, die einmal »den Sprung gewagt« haben, der schändliche Stempel der Homosexualität aufgedrückt wird, sodass sie der Heterosexualität auf ewig abhandenkommen. Die feministische Theoretikerin Adrienne Rich nutzt zur Beschreibung weiblicher homosozialer Praktiken den Begriff »lesbisches Kontinuum«. Bei Männern ist dieses Kontinuum unterbrochen: Um jeden Preis muss eine unüberwindbare Grenze zwischen Homo- und Heterosexualität aufrechterhalten werden. Und was ist mit Bisexuellen? Tja, die haben eben Pech gehabt. Bekennen sie sich öffentlich zu ihrer Bisexualität, bekommen sie oft zu hören, sie seien schlicht und ergreifend schwul.

Tatsächlich wird die Frage »Ist das schwul?« von Männern lang und breit diskutiert. Offenbar ist das eine fortwährende Beschäftigung, und wenn man vermeiden will, selbst der Homosexualität bezichtigt zu werden, sollte man sich beeilen und andere Männer zuerst als schwul bezeichnen. Die Forscherin Noémie Marignier hat dieses wiederkehrende Phänomen in den Foren der Webseite jeuxvideo.com untersucht, die hauptsächlich von jungen Männern besucht wird.[4]

Einer von ihnen erzählt von einem intimen Moment mit einem Freund, sinngemäß in etwa so: »Uns war langweilig und wir haben einen Porno geguckt und dann hat er vorgeschlagen, dass wir uns gegenseitig einen blasen könnten und ich hab Ja gesagt.« Dann fragt er: »Heißt das jetzt, dass ich schwul bin?« Auf seinen Post folgen zahlreiche Reaktionen: Manche machen sich über ihn lustig, weil er seine sexuelle Orientierung zur Debatte stellt, andere formulieren spöttisch irgendwelche Pseudo-Regeln, Variationen von: »Solange ihr euch nicht in die Augen geschaut habt und eure Eier sich nicht berührt haben, ist das nicht schwul.« Diese »Regel«, die wohl nicht sonderlich viele Menschen als ernst gemeint verstehen dürften, wird wiederum durch zunehmend absurde Varianten lächerlich gemacht: »Wenn

3 Zum Beispiel Diamond, Lisa M. (2008): *Sexual Fluidity. Understanding Women's Love and Desire*. Cambridge: Harvard University Press.

4 Noémie Marignier (Frühling 2017): »›Gay ou pas gay?‹« Panique énonciative sur le forum jeuxvideo.com«. In: *Genre, sexualité & société*, N° 17.

du die linke Hand benutzt hast, ist das schon okay, dann ist das nicht schwul«, »Wenn er nicht gerade 25 Liter von deinem Sperma getrunken hat, passt das glaub ich schon, aber kein Tropfen mehr!« etc.

Wie einige Nutzer dieses Forums, die offensichtlich nicht in diesen Witz eingeweiht sind, könnte man darauf einfach entgegnen, dass ein Mensch,

der gleichgeschlechtlichen Sex hat, homo- oder zumindest bisexuell ist. In der Realität sieht das allerdings ein wenig komplizierter aus, schon allein aus dem Grund, dass so einige Handlungen überhaupt nichts mit Homo-, aber sehr viel mit Heterosexualität zu tun haben und trotzdem als »schwul« abgetan werden. Fragt die Leute im Forum von jeuxvideo.com doch mal, ob es schwul ist, sich als Mann von seiner Freundin mit einem Umschnalldildo anal penetrieren zu lassen: Die meisten werden diese Frage bejahen. Da spielt es keine Rolle, dass das eine durch und durch heterosexuelle Handlung ist, denn sie findet ja zwischen einem Mann und einer Frau statt – sie ist schwul, weil ein »normaler«, maskuliner Mann beim Sex niemals die »aktive« Rolle aufgeben darf.

Auch jenseits vom Sex gibt es einige Verhaltensweisen, die Männer als schwul bezeichnen: rosa Klamotten oder lange Haare tragen, Mariah Carey hören, Mineralwasser bestellen, wenn all seine Kumpel Bier trinken. Über jungen Männern hängt fortwährend der Vorwurf von Homosexualität und Verweiblichung, wie ein furchterregendes Damoklesschwert, das der Konstruktion einer »akzeptablen« Männlichkeit dient.

Schwul, aber nicht tuntig

Der Zusammenhang zwischen männlicher Homosexualität und Weiblichkeit liegt auf der Hand: Nicht umsonst beleidigt man seine Feinde nicht etwa als »Schwanzgelutschte«, sondern als »Schwanzlutscher«. Die als »weiblich« titulierte Position wird als problematisch angesehen. Diese panische Angst vor männlicher Weiblichkeit lässt sich übrigens auch bei Menschen beobachten, die sich als homofreundlich verstehen, und manchmal sogar innerhalb der Schwulencommunity selbst. Man bezeichnet es als Tuntenfeindlichkeit, wenn jemand verkündet, er habe nun wirklich überhaupt kein Problem mit Schwulen, solange sie »nicht so überdreht« sind. So nannte sich Karine Le Marchand, Moderatorin der traditionell sehr heterosexuellen Serie *L'amour est dans le pré* (vergleichbar mit *Bauer sucht Frau*), in der Tageszeitung *Le Parisien* in einem Interview anlässlich der ersten Folge mit einem homosexuellen Kandidaten eine »Schwulenaktivistin«, kam dabei allerdings nicht ohne folgende Präzisierung aus:

> Er ist ein außergewöhnlicher Mann und entspricht überhaupt nicht dem Bild des schrillen, femininen Klischeeschwulen, der ständig mit den Händen wedelt. Ich habe ja nichts gegen solche Leute, aber so jemanden hätte ich nicht in der Sendung haben wollen. Zum ersten Mal zeigt ein Familienprogramm zur *Prime Time* ganz unaufdringlich einen normalen Mann, der einen anderen Mann liebt. Und darauf bin ich sehr stolz.

Wir lieben schwule Männer ... vor allem dann, wenn sie maskulin und nicht so »klischeehaft« sind. Und wir sind stolz darauf, Frankreich diese vorzeigbaren, *akzeptablen* Schwulen zu präsentieren. Die Annahme, alle schwulen Männer seien so wie die Figuren aus dem Film *Ein Käfig voller Narren*, ist natürlich homofeindlich, ihnen aber die Tuntigkeit zu verbieten, ist es ebenfalls. Und selbstverständlich ist in diesem Fall die Person, die darüber entscheiden kann, welche Art von Homosexualität im Fernsehen gezeigt wird, heterosexuell.

In ihrem Buch *Gayfriendly* zeigt die Soziologin Sylvie Tissot, wie vermeintlich »tolerante« Diskurse dafür sorgen können, dass eine gesellschaftlich akzeptierte Homosexualität eingegrenzt und gleichzeitig von Heterosexuellen in ihrem Sinne kontrolliert wird.[5] Anhand von Gesprächen, die sie im Pariser Marais und im New Yorker Viertel Park Slope geführt hat, arbeitet Tissot zwei unterschiedliche Grundhaltungen von homofreundlichen Heterosexuellen dies- und jenseits des Atlantiks heraus: In Brooklyn wird die Freiheit verteidigt, zu *lieben*, wen man will, während es im 3. Arrondissement von Paris eher heißt, man solle *Sex haben*, mit wem man will, was auf eine liberale oder sogar libertine Kultur hinweist. Beide Vorstellungen von Homosexualität – die eine romantisch, die andere sexualisierend – sind letztendlich gleichermaßen vereinfachend. Spricht man nur von Liebe, vermeidet man oft den Gedanken an sexuelle Handlungen, die unter einem normativen Blick als abstoßend gelten; spricht man hingegen nur von Sex, liefert man damit einen guten Grund für die Behauptung, das Privatleben schwuler Männer gehe niemanden etwas an und müsse nicht öffentlich diskutiert werden.

---

5 Sylvie Tissot (2018): *Gayfriendly. Acceptation et contrôle de l'homosexualité à Paris et à New York*. Paris: Raisons d'agir.

Queere Menschen sind doch Weiberkram

Sylvie Tissot geht auch auf die geschlechtsspezifische Dimension von *Gay-friendliness* ein: In heterosexuellen Paarbeziehungen kommt den Frauen die homofreundliche Rolle zu. Freundschaften mit Schwulen und Lesben sowie Toleranz scheinen zum Bereich der Care-Arbeit zu gehören, jener Sorgearbeit, die auch heute noch vor allem Frauen schultern, sowohl im beruflichen als auch im privaten Bereich. Homosexuelle oder trans Menschen werden dementsprechend oft als Opfer gesehen, um die man sich kümmern müsse, indem man sie beispielsweise in seinen Freundeskreis aufnimmt oder in eine Realityshow einlädt. Frauen, die meist als »von Natur aus« fähiger angesehen werden, für andere Menschen zu sorgen, sollen den leidenden Queers also als Krankenschwestern dienen. Für diese mühevolle Arbeit sind Männer schließlich viel zu grob, gar keine Frage.

Homofreundliche Frauen werden gern als »Schwulenmutti« verunglimpft. Manche Menschen finden, dass sich so jemand schwulen Männern gegenüber herablassend verhält. Andere wiederum sehen eine verbitterte Frau vor sich, die keine heterosexuellen Männer abkriegt. Aber das Ganze lässt sich auch freundlicher betrachten: Da heterosexuelle Frauen, ebenso wie homosexuelle Männer, im Heterosystem die großen Verliererinnen sind, sehen manche in ihnen Leidensgenossen und verhalten sich ihnen gegenüber solidarisch – und das tun letztendlich nur recht wenige heterosexuelle Frauen.

Wenn einerseits heterosexuelle Männer queeren Menschen gegenüber auf Distanz gehen und Frauen andererseits solidarisch sind, dann sind queere Menschen im Grunde Weiberkram. Sogar in der Politik setzen sich vor allem Ministerinnen für unsere Rechte ein. Und selbst auf der gegnerischen Seite wird dieser Kampfplatz meist Frauen wie Christine Boutin oder Frigide Barjot überlassen. Ganz selten kommt es vor, dass sich auch mal ein männlicher Mainstream-Politiker für LGBTI-Rechte interessiert – allerdings nur, um die Homofeindlichkeit in »Problembezirken« anzuprangern, als gäbe es sie nur dort, als hätte die *Manif Pour Tous* ihren Ursprung in Seine-Saint-Denis.[6]

---

6 Anm. d. Übers.: Im Département Seine-Saint-Denis, das im Herbst 2005 nach dem Unfalltod zweier von der Polizei verfolgter Jugendlicher und darauffolgenden tagelangen Krawallen vorwiegend jugendlicher Bewohner*innen in die Schlagzeilen geriet, ist der migrantische Anteil einer der höchsten in ganz Frankreich.

Homofeindlichkeit konstruiert uns alle im tiefsten Innern

Da ich mich Frauen gegenüber nicht positionieren konnte und wie gelähmt war vor Angst, als schwul zu gelten, habe ich einige Jahre lang keine romantischen oder sexuellen Beziehungen geführt. In einer Welt, in der Homosexualität und Transitionen tabu sind, musste ich erst einmal eine enorme geistige Arbeit leisten, bevor mir bewusst wurde, dass ich eine lesbische Frau sein kann. Noch heute passiert es mir regelmäßig, dass mich gewisse Leute plötzlich mit glasigem Blick anschauen, im Kopf offenbar eine komplizierte Gleichung zu lösen versuchen und dann so etwas sagen wie: »Äh, also, Daisy ... Wenn du eine Frau bist ... und auf Frauen stehst ... bedeutet das dann etwa, dass du ... lesbisch bist?!« Eine in ihren Augen ähnlich gewichtige Offenbarung wie in dieser Szene aus *Die Abenteuer des Rabbi Jacob*, in der Louis de Funès plötzlich ruft: »Sie sind Jude? Salomon, wirklich, waschechter Jude?!«

Wenn ich »gewisse Leute« schreibe, meine ich damit selbstverständlich Frauen. Die meisten Männer fühlen sich mit mir und allem, was meine Transition darstellt, zu unwohl, als dass sie so mit mir sprechen würden.

Ob ich so geboren wurde? Wer weiß. Die Versuche der Wissenschaft, die Existenz von Homosexuellen oder trans Personen auf eine biologische Ursache zurückzuführen, haben jedenfalls noch keine wirklich belastbaren Ergebnisse geliefert.[7] Möglicherweise ist die Naturalisierung dieser Phänomene für heterosexuelle cis Männer und Frauen auch einfach von Vorteil. Wenn man »so geboren wurde«, muss man seine eigene Orientierung oder sein Geschlecht nämlich nicht hinterfragen. Wenn Homosexualität eine natürliche, unveränderliche Realität ist, trifft dasselbe auch auf die Heterosexualität zu, also keine weitere Diskussion, bitte gehen Sie weiter, es gibt hier nichts zu sehen, wir sind genau so sehr von Natur aus cis und hetero wie ihr queer. Die Existenz von Menschen wie mir, die im Alter von fünfunddreißig Jahren ihre »Geschlechterklasse« und ihre sexuelle Orientierung gewechselt haben, ist eine tragische, niederträchtige Angelegenheit, die diesen Leuten niemals widerfahren könnte. Unter einem solchen Blickwinkel erscheinen Homosexualität und Transitionen derart unvorstellbar, dass ich Jahre gebraucht habe, bevor ich sie für mich in Betracht ziehen konnte.

7 Zu diesem Thema empfehle ich folgenden Blog-Artikel: Fillod, Odile (2017): »Max Bird et la biologie de l'homosexualité«, http://allodoxia.odilefillod.fr/2017/06/02/max-bird-et-la-biologie-de-lhomosexualite/

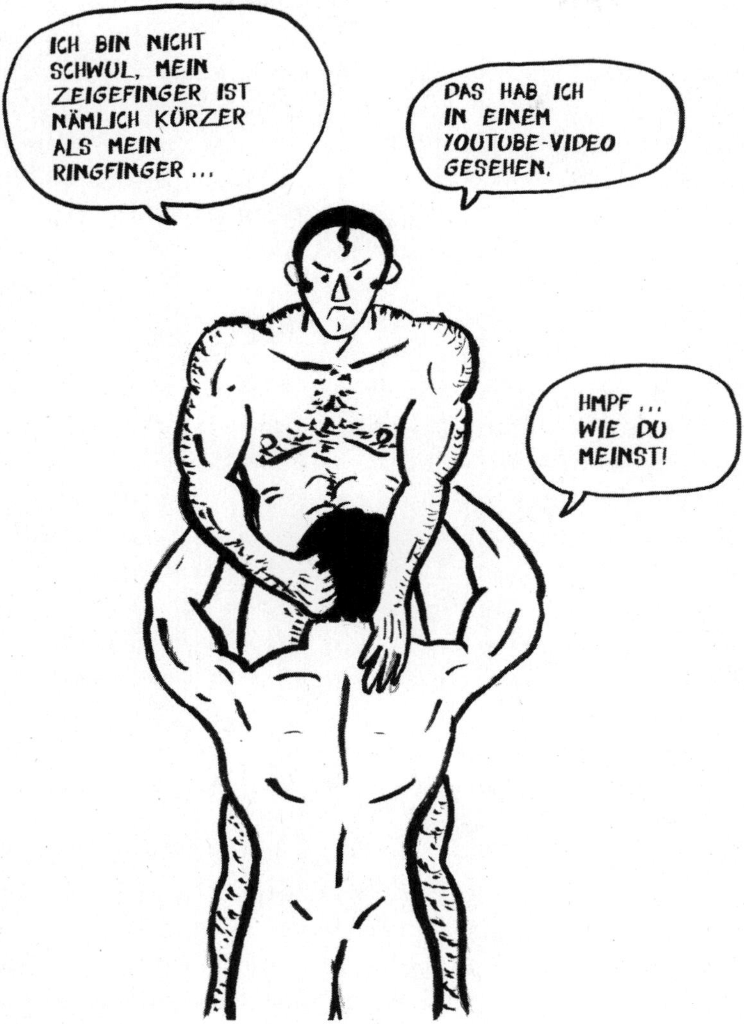
ICH BIN NICHT SCHWUL, MEIN ZEIGEFINGER IST NÄMLICH KÜRZER ALS MEIN RINGFINGER …
DAS HAB ICH IN EINEM YOUTUBE-VIDEO GESEHEN.
HMPF … WIE DU MEINST!

Ich war kein mädchenhafter kleiner Junge. Da hatte ich in gewisser Weise Glück, denn diese Rolle gilt als sehr stigmatisiert und abstoßend. Ein jungenhaftes Mädchen hingegen ist weit weniger beunruhigend; ist doch klar, dass sie lieber wie ein Junge spielt, immerhin weiß doch jede*r, dass es viel besser ist, ein Junge zu sein. Es heißt dann oft, das sei nur eine Phase, die spätestens in der Pubertät endet, sobald sich das Mädchen ... für Jungen interessiert. Ein mädchenhafter Junge hingegen gilt häufig als Bedrohung, als tickende Zeitbombe: Wenn er mit Puppen spielen will, treibt man ihm diesen Wunsch ganz schnell aus, sonst könnte er ja noch schwul werden. Wie Sylvie Tissot zeigt, sieht man dieses weibliche Verhalten bei kleinen Jungen sogar in homofreundlichen Milieus als frühes Anzeichen von Homosexualität. Ein Junge hat hier dann also das Recht, mit Puppen zu spielen, aber nur, wenn er später einmal schwul wird.

Weiblichkeit und Homosexualität sind bei Jungen deshalb so gefährlich, weil sie Kategorien infrage stellen, die man als hermetisch abgeschlossen, natürlich und unüberschreitbar konstruiert hat und auf denen ein ganzes Herrschaftssystem basiert. Wenn Männer gefühlvoll, sanft und verletzlich sein dürfen, wenn sie penetriert und gestreichelt werden oder devot sein dürfen, befürchten viele Menschen, dass das Kartenhaus namens Patriarchat in sich zusammenfallen könnte. Schwule, die in der Heterovorstellung all diese Eigenschaften in sich vereinen (vor allem die *schlechten* Schwulen), müssen also eine eigene Kategorie bleiben, sie sind die Ausgestoßenen. Sie lassen sich höchstens tolerieren, aber man will eine deutliche Distanz zu ihnen wahren.

Auf die Frage der Forumsnutzer, ob ein Blowjob bei seinem besten Freund schwul ist, kann ich eine beruhigende Antwort geben: Nein, das macht euch nicht schwul. Schwul zu sein bedeutet nicht (nur), dass man Schwänze lutscht. Es bedeutet, dass man an einer Kultur, einer schwulen sozialen Welt teilhat, dass man sich verliebt und ältere Mitglieder der Community trifft und ihnen gegenüber Solidarität verspürt. Es bedeutet, dass man weiß, was diese Menschen durchmachen mussten, und dass man enorm dankbar ist für die Kämpfe, die sie für uns geführt haben. Es bedeutet, dass man bei jeder neuen Aktion der *Manif Pour Tous* ein tiefes Unwohlsein verspürt; dass man höflich lächelt, wenn man mal wieder hört, wie mutig man doch sei, womit auch immer wieder impliziert wird, dass dein Leben doch schrecklich sein muss und *ich schon ziemlich Glück hab, dass ich hetero bin*; dass man sich jedes Mal denkt: »Wenn du wüsstest ...«

Also keine Sorge, ihr könnt euer ganzes Leben in den Schranken der Heterosexualität verbringen und trotzdem weiterhin ab und zu anderen Männern im Wald den Schwanz lutschen, wenn euch das Spaß macht. Damit wärt ihr nicht die ersten und sicher auch nicht die letzten Heteromänner, die Sex mit anderen Männern haben. So läuft das eben.

Zur Vertiefung:

Rich, Adrienne (1986): *Blood, Bread, and Poetry. Selected Prose 1979–1985.* New York/London: W. W. Norton & Company.
In ihrem revolutionären Essay »Compulsory Heterosexuality and Lesbian Existence« hat die große Poetin und Lesbe Adrienne Rich die Theorie des »lesbischen Kontinuums« entworfen und gezeigt, wie die Konstruktionsweise unserer Gesellschaften Frauen in die Arme der Männer treibt. Dieser Text hat schon vielen jungen Lesben die Augen geöffnet. Lest ihn und werdet lesbisch, das wünsche ich euch von Herzen.

Tissot, Sylvie (2018): *Gayfriendly. Acceptation et contrôle de l'homosexualité à Paris et à New York.* Paris: Raisons d'agir.
In diesem Buch richtet die Soziologin Tissot den Blick eher auf »homofreundliche« Räume als auf die Bastionen der Homofeindlichkeit und nimmt damit einen originellen Blickwinkel ein. Beim Lesen dieses Buches wird deutlich, wie produktiv diese Betrachtung ist: Tissot hinterfragt die Grenzen der Akzeptanz und »Toleranz« und zeigt so, welcher Weg noch vor uns liegt. Ja, die LGBTI-Community hat seit den 1970er Jahren vieles erkämpft, aber das ist ganz offensichtlich erst der Anfang.

Wynn, Natalie (2019): »›Sind Traps schwul?‹«, YouTube-Video des Kanals ContraPoints
ContraPoints ist der YouTube-Kanal von Natalie Wynn, einer Videokünstlerin mit einem Hintergrund in der akademischen Philosophie. Sie veröffentlicht lange Videos, in denen sie zum Beispiel die Ansichten der US-amerikanischen extremen Rechten auseinandernimmt oder Fragen zu Geschlecht und sexueller Orientierung mit ebenso viel Scharfsinn wie Humor ergründet – einmal ganz abgesehen von ihren unglaublichen Looks. In diesem Video betrachtet sie die Besessenheit einiger Online-Communitys mit »traps« (»Fallen«), was ein äußerst herabwürdigender Begriff für trans Frauen ist. Es ist lehrreich, zum Totlachen und absolut *fabulous.*
https://www.youtube.com/watch?v=PbBzhqJK3bg

9. Männer, diese Helden

Ich möchte nun mit dem Selbstbewusstsein einer Frau, die keinerlei Unsicherheit kennt, von einem Film sprechen, den ich noch nie gesehen habe. Vor Kurzem habe ich mir den Trailer des Films *Free Guy* (Regie: Shawn Levy, 2021) angeschaut. Ryan Reynolds verkörpert darin die Rolle eines ganz durchschnittlichen Mannes. Aber irgendwann stellen die Zuschauer*innen fest, dass er – Überraschung! – gar nicht so durchschnittlich ist. Er ist der Auserwählte. Er ist etwas Besonderes. Er wird zum interessantesten Mann der Welt.

Außerdem nimmt ihn eine – zumindest zu Beginn des Films – weitaus kompetentere Frau unter ihre Fittiche und hilft ihm, ein Held zu werden. In der westlichen Kultur der letzten zwanzig Jahre, vor allem in Hollywood-Filmen, ist das ein wiederkehrendes Motiv. Man bezeichnet das als »Trinity-Syndrom«, benannt nach der Figur aus dem ersten Teil von *Matrix*. Weitere augenfällige Beispiele für dieses Syndrom finden sich in *Harry Potter*, *The LEGO Movie*, *Ant-Man* oder *Wanted*. Diesen Werken wird vorgeworfen, dass sie starke Frauenfiguren darstellen, *strong female characters*, aber nicht den Sprung wagen, diese zu Hauptfiguren zu machen. Hollywood-Produzent*innen wissen, dass Frauen sich auch Filme mit männlichen Helden ansehen, gehen aber zu Recht oder zu Unrecht davon aus, dass Männer nur ungern Filme mit toughen Heldinnen sehen wollen würden. Also übernehmen Frauen meist die Aufgabe, anfänglich mittelmäßigen Männern dazu zu verhelfen, sie irgendwann zu übertreffen.

Man könnte das Problem auch andersherum formulieren und behaupten, dass solche Filme am Syndrom des Standardprotagonisten leiden. In vielen Filmen gibt es nämlich gar keine Trinity-Figur, sondern nur mittelmäßige weiße Männer auf dem Weg zum Heldentum. Und warum? Darum! Weil der weiße Mann eben als Standardprotagonist angesehen wird, mit dem sich alle Menschen identifizieren können; dank ihm können die Zuschauer*innen davon träumen, eines Tages mächtig und unglaublich interessant zu werden. Wie Spiderman, Deadpool oder Captain America.

Meine erste Intuition zur Erklärung dieses Phänomens: Diese Filme spiegeln die Einstellung vieler Männer, die mit ihrem überschäumenden Selbstbewusstsein davon ausgehen, dass sie, wären nur die richtigen Umstände gegeben, ein Leben als Superheld führen würden. Das sieht man zum Beispiel an ihren Reaktionen, wenn eine Frau von einem Angriff berichtet: »Wenn ich da gewesen wäre, hätte ich dem die Fresse poliert.« Männer, die so etwas sagen, gibt es wie Sand am Meer, und ich frage mich, wo diese ganzen Quasi-Helden eigentlich stecken, wenn wirklich Angriffe auf Frauen stattfinden. Sie begehen die doch nicht etwa selbst?

Als ich etwas länger über diese erste Intuition nachgedacht habe, habe ich sie jedoch angezweifelt, denn ich konnte mich noch nie so richtig mit der Vorstellung anfreunden, dass Männer wirklich ein überschäumendes Selbstbewusstsein haben. Ganz im Gegenteil: Ich denke eher, dass sie größtenteils recht wenig selbstbewusst sind.

Der Selbstbewusstseinszwang

Im Feminismus gibt es eine bestimmte Strömung, die darauf beharrt, dass Männer sehr viel Selbstbewusstsein hätten und es notwendig sei, dass Frauen diese Kluft überwinden – auf Englisch sagt man dazu *confidence gap*. Die Idee hinter diesem Begriff: Frauen seien zu unsicher, litten am Hochstapler-Syndrom und trauten sich nicht, vor allem in ihren Karrieren, das einzufordern, was ihnen zusteht. Zur Untermauerung dieser These wird oft eine Statistik herangezogen, laut der Frauen sich nur dann auf eine Stellenausschreibung oder eine höhere Position bewerben, wenn sie einhundert Prozent der geforderten Kriterien erfüllen, während Männer sich schon bei sechzig Prozent Übereinstimmung bewerben.[1] Kurz gefasst: Ihr Frauen müsst endlich mal aus den Puschen kommen und es wagen, Forderungen zu stellen, aber dafür seid ihr halt zu schüchtern. So ungefähr kann man den

1 Überraschung! Diese Zahlen werden zwar oft herangezogen, aber nie mit einer Quellenangabe untermauert. Tatsächlich scheinen diese Angaben falsch zu sein, wie so viele der Zahlen, die man zu Frauen im Berufsleben so liest. Zu diesem Thema empfehle ich folgenden Blog-Artikel von Sophie Gourion: »Non, les femmes au travail ne sont pas moins ambitieuses ou plus timorées que les hommes«, https://www.toutalego.com/2019/05/non-les-femmes-au-travail-ne-sont-pas.html?m=0

Lean-in-Feminismus zusammenfassen, den Sheryl Sandberg[2] propagiert, eine Frau, die große Erfolge in der Geschäftswelt verzeichnete, zuerst bei Facebook arbeitete und später einen Bestseller schrieb. Viele Feministinnen sagen sich heute wie ein Mantra immer wieder vor, dass sie sich in einschüchternden Situationen ruhig das Selbstbewusstsein eines mittelmäßigen Mannes zugestehen dürfen. Ganz witzig eigentlich, ich gebe es zu.

2 Sandberg, Sheryl (2015): *Lean In. Frauen und der Wille zum Erfolg*. Aus dem Amerikanischen von Barbara Kunz. Berlin: Ullstein. (Der Ausdruck *Lean in* wurde in Anschluss an die Veröffentlichung ihres Bestsellers viral und soll Frauen motivieren, sich reinzuhängen, Raum einzunehmen, sich durchzusetzen.)

Das erste Problem ist, dass es sich dabei um einen neoliberalen Diskurs handelt, der seinen Unterstützer*innen den angenehmen Vorteil verschafft, alles auf Individuen abwälzen zu können, vor allem auf Frauen, und nicht etwa auf ein kapitalistisches, patriarchales und rassistisches System. Warum bewerben sich Frauen denn nicht einfach auf Stellen, deren Anforderungen sie nicht zu einhundert Prozent erfüllen? Vielleicht, weil sie aus Erfahrung wissen, dass sie kompetenter sein müssen als Männer, um wenigstens genauso ernst genommen zu werden? Vielleicht wissen sie auch einfach, dass eine Frau mit nur sechzig Prozent der geforderten Kompetenzen bei der Bewerbung sofort auf Granit beißt.

Ich behaupte nicht, dass mehr Selbstbewusstsein für Frauen etwas Schlechtes sei. Da ich selbst einen Großteil meines Lebens wie gelähmt war von einer geradezu krankhaften Unsicherheit, wurden mir die Vorteile des Selbstbewusstseins bald klar, als ich mir zu sagen begann, dass mir einige meiner Pläne durchaus gelingen könnten. Es stimmt ja auch, dass man keine Gehaltserhöhung bekommt, wenn man sie nicht einfordert. Aber wer entscheidet denn darüber, ob diesen Forderungen stattgegeben wird? Wem werden Gehaltserhöhungen, statistisch gesehen, eher zugesprochen?

Zweites Problem: Mir ist aufgefallen, dass mein Selbstbewusstsein seit meiner Transition nicht mehr zu einhundert Prozent als etwas Gutes angesehen wird. Inzwischen muss ich mich bemühen, selbstbewusst, aber nicht aggressiv zu sein, selbstsicher, aber nicht entmännlichend. Ein Drahtseilakt für Frauen, vor allem für lesbische trans Frauen.

Vielleicht verbindet man Durchsetzungsvermögen deshalb in der Regel mit Männlichkeit. Eines der Leitbilder dieses Selbstbewusstseinsfeminismus ist das *Power Posing*, eine Theorie der Psycholog*innen Amy Cuddy, Dana Carney und Andy Yapp, die durch einen TED Talk von Amy Cuddy berühmt wurde.[3] Die Idee dahinter ist folgende: Indem man einige Sekunden pro Tag die Haltung von Wonder Woman einnimmt (Beine weit auseinander, Fäuste in die Hüften gestemmt, Brust herausgestreckt, Kopf hoch), bekommt man angeblich einen Schub an Selbstbewusstsein. Diese Haltung soll sogar die magische Wirkung haben, den Testosteronspiegel zu erhöhen, und da dieses Hormon ja als männlich erachtet wird, wurden ihm immer schon zahlreiche Kräfte zugeschrieben. All diese Thesen waren,

3 Cuddy, Amy (Juni 2012): »Your body language may shape who you are«, https://www.ted.com/talks/amy_cuddy_your_body_language_may_shape_who_you_are

gelinde gesagt, wissenschaftlich nicht allzu belastbar. Doch das hat sie nicht davon abgehalten, die Runde zu machen und ganz nebenbei die Taschen von Amy Cuddy und ihren Kolleg*innen zu füllen.

Die Hochstapelei des Hochstaplerinnen-Syndroms

Die Vorstellung, dass vor allem Frauen am Hochstapler-Syndrom leiden, ist einer der Grundpfeiler des Selbstbewusstseinsfeminismus. Dieses Syndrom wurde erstmals in den 1970er Jahren von den zwei Psychologinnen Pauline Rose Clance und Suzanne A. Imes in einer Studie über beruflich erfolgreiche Frauen beschrieben.[4] Tatsächlich denken viele »erfolgreiche« Frauen, dass ihre Leistungen vor allem von Glück und günstigen Umständen abhingen und nicht so sehr von ihrem Talent. Aber wisst ihr was? Damit haben sie recht. Meritokratie ist ein Mythos. Gute Nachrichten also, wenn ihr euch für Hochstapler*innen haltet: In einem durch und durch ungerechten System »verdient« niemand seinen Platz, also entspannt euch.

Im Laufe der Jahre hat man dieses Syndrom allerdings auch bei Männern beobachtet, und aus vielen Studien scheint hervorzugehen, dass auch sie sich oft wie Hochstapler vorkommen. Offenbar ist Scharfsinn also manchmal doch gerecht zwischen den Geschlechtern verteilt. Aber warum hat man dann (vor allem als Frau) so oft den Eindruck, dass beim Selbstbewusstsein ein großer Unterschied zu Lasten der Frauen besteht?

Mein erster Erklärungsversuch: Selbstbewusstsein ist situations- und beziehungsabhängig. Ich bin selbstbewusst, wenn ich meinem Sohn erkläre, dass man ein großes S oben schön rund machen muss, dass seine Lehrerin das auch so macht und dass man leider nicht einfach so schreiben kann, wie man will. In so einer Situation nimmt er mich sicher als sehr selbstbewusst wahr. Weniger Selbstbewusstsein habe ich, wenn ich in einem Vorstellungsgespräch sage, dass ich den Umgang mit Kund*innen perfekt beherrsche.

Im Allgemeinen haben Männer gegenüber Frauen dasselbe Selbstbewusstsein wie ich gegenüber meinem sechsjährigen Sohn. Ihrem Chef, ihrem Vater oder ihren Kumpels erklären sie nicht die Welt. Gegenüber Frauen jedoch sind sie sich ihrer Überlegenheit sicher.

4 Clance, Pauline Rose/Imes, Suzanne A. (1978): »The imposter phenomenon in high achieving women: dynamics and therapeutic intervention«. In: *Psychotherapy. Theory, Research and Practice. 15*(3). 241–247.

Meine zweite Erklärung: Viele Männer sind so sozialisiert, dass sie mit ihrer Unsicherheit anders umgehen als Frauen. Wenn sie Zweifel haben, vor allem gegenüber jemandem, den sie als unterlegen ansehen, werden sie einfach doppelt so arrogant. Oder sie rasten aus, wenn man ihre Kompetenzen infrage stellt. Wutausbrüche, Starrköpfigkeit und gespielte Sicherheit deuten nicht gerade auf ein unerschütterliches Selbstbewusstsein hin. Das ist sicher eine der Erklärungen für die manchmal unbedachte Risikobereitschaft, die das männliche Geschlecht auszeichnet. Auf Friedhöfen liegen lauter arrogante Männer.

Männer behandeln uns herablassend und wagen Dinge, die wir niemals tun würden, aber nicht etwa, weil sie mehr Selbstbewusstsein haben, sondern eher im Gegenteil, weil sie das Gesicht wahren wollen. Sie leben mit der dauernden Angst, dass jemand die Hochstapelei ihrer Männlichkeit entlarven könnte und sie alle damit verbundenen Privilegien verlieren könnten, und sie verhalten sich gewalttätig und unverantwortlich, um den Schein zu wahren.

Das Problem ist: Es funktioniert. Denn es ist ziemlich schwierig, zwischen jemandem mit echtem und jemandem mit gespieltem Selbstbewusstsein zu unterscheiden. Noch mal: Ich sage nicht, dass es für uns Frauen etwas Schlechtes sei, in gewissen Situationen Selbstbewusstsein vorzuspielen. Ich bin nur der Meinung, dass das dem Patriarchat kein Ende bereiten wird.

Die Unsicherheit der Herrschenden

Kommen wir noch einmal auf *Free Guy* zu sprechen, um eine andere Seite des Problems zu beleuchten. In dem Film befindet sich Ryan Reynolds in einem Videospiel, und zwar zunächst als NPC, als *non-player character*, also als Figur, die nicht von einem*einer Gamer*in gesteuert wird. Diese Bezeichnung stammt aus Pen-&-Paper-Rollenspielen, wurde später auf Videospiele übertragen und schließlich zu einem Meme des Forums 4chan. Dort beleidigt man echte Menschen als »NPC«, wenn man ihnen unterstellt, sie könnten keine unabhängigen Gedanken formulieren und würden nur der Masse hinterherlaufen. Dieser herabwürdigende Begriff ist vor allem bei der Alt Right verbreitet, der neuen US-amerikanischen extremen Rechten, und entstammt einem reaktionären maskulinistischen Milieu. In diesem Kontext werden als »NPC« vor allem Feminist*innen und Antirassist*innen bezeichnet, also Menschen, die in den Augen der Reaktionären hirnlos sind.

KEIN SELBSTBEWUSSTSEIN, ICH? DER WERD ICH'S ZEIGEN!
WÜRDE SICH EIN UNSICHERER MANN ETWA MIT 3 PROMILLE ANS STEUER SETZEN?
SPÄTER ...
EIN ECHTER KERL (KEINE SCHWUCHTEL)
"FÜR DEN BESTEN POLIZISTEN DER WELT" DIE JUNGS AUS DER DIENSTSTELLE
DU WARST DUMM, ABER WIR MOCHTEN DICH

Offenbar denken diese Leute wirklich, dass Feminismus, Antirassismus und all diese progressiven Werte die Welt bestimmen, dass das heutzutage die herrschenden Meinungen seien, obwohl die meisten Machtpositionen immer noch von weißen Heteromännern wie ihnen besetzt sind.

Auch wenn Donald Trump meines Wissens den Begriff »NPC« nie verwendet hat, so findet man den Grundgedanken dahinter in seinen Reden wieder: Durchschnittliche weiße Männer hätten ihm zufolge zu lang gebuckelt und müssten sich endlich erheben, ihr Schicksal in die Hand nehmen und zu den Helden werden, die sie von Natur aus und mit Fug und Recht tief im Innern seien. Auch ihr könnt Auserwählte sein, genau wie Ryan Reynolds. Reaktionäre auf der ganzen Welt verkünden solche Dinge.

Eine der größten Ängste weißer Heteromänner aus der Mittelschicht ist nämlich, falls ihr es noch nicht wusstet, uninteressant zu sein. Ihr Leben in einem nichtssagenden Job fristen zu müssen und niemals aufzufallen. Ich habe Verständnis für diese Angst. Allerdings entsteht sie bei ihnen aus einer vergleichsweise privilegierten Position heraus. Wenn man zu einer sexuellen Minderheit gehört, nicht weiß ist, eine Behinderung hat und/oder eine Frau ist, weiß man ganz genau, was »interessant sein« alles bedeuten kann. Während meiner Transition habe ich bemerkt, dass ich plötzlich viel interessanter wurde. Zu Beginn kann die Aufmerksamkeit schmeichelhaft sein. Allerdings ist sie auch eine Last. Ständig stellt mir jemand Fragen, manchmal sogar sehr persönliche. Ich bin ein Objekt der Neugierde. Zudem bin ich inzwischen das Objekt des sexuellen Interesses von Männern, und das geht so weit, dass ich manchmal um meine Sicherheit fürchte. Für die meisten »interessanten« Menschen wird die Straße zu einem Ort potenzieller Angriffe durch Männer oder durch die Polizei.

Interessant zu sein oder zu werden ist oft ein Risiko. Wir alle haben natürlich unsere Fantasien über Ruhm und Heldenhaftigkeit. Doch diese Fantasien sind gefährlich, wenn sie für eine faschistische Agenda instrumentalisiert werden können. Die Existenz von Helden, »Auserwählten« und Supermännern ist problematisch, denn sie impliziert, dass es eine Masse an Unterlegenen gibt, von der man sich abheben muss. Weiße Heteromänner haben nicht zu Unrecht das Gefühl, ein Dasein in der Mittelmäßigkeit zu fristen und zu buckeln. Aus Frauenfeindlichkeit gehen sie jedoch oft fälschlicherweise davon aus, dass der Schuh, der sie niedertritt, hochhackig ist – und nicht etwa ein schwarzer Weston Richelieu Herrenschuh zu 770 Euro inkl. MwSt.

Zur Vertiefung:

Brey, Iris (2021): *Le Regard féminin. Une révolution à l'écran.* Paris: Éditions de l'Olivier.
In diesem Buch entwirft die Kritikerin und Akademikerin Iris Brey das Konzept des *female gaze*, des weiblichen Blicks, in Anlehnung an die Theorie des *male gaze* von Laura Mulvey. Mulvey zufolge werfen Kinofilme oft einen männlichen Blick auf das Gezeigte, insbesondere auf Frauen. Filme, die sich von diesen voyeuristischen Gelüsten freimachen, sind natürlich möglich und wünschenswert. Es gibt sogar einen Kanon der *female-gaze*-Filme. Iris Brey ist außerdem die Autorin des Buches *Sous nos yeux. Petit manifeste pour une révolution du regard* (Montreuil: La ville brûle, 2021), das in Zusammenarbeit mit der Zeichnerin Mirion Malle entstanden ist und einer jungen Leserschaft das Konzept des *male gaze* erklärt.

YouTube-Kanal Cinéma et politique
Bevor ich dieses Kapitel geschrieben habe, habe ich mir das Video »Le retour du héros musclé à l'ère Reagan« angesehen, eine der vielen Analysen, die die YouTuberin Clémentine regelmäßig ausgehend von einem Film, einer Epoche oder einem bestimmten Phänomen entwickelt. Es geht nicht nur um Feminismus und Geschlecht, aber immer um Macht und Herrschaft, also: um Politik. Auf diesem Kanal werdet ihr tolle neue Filme entdecken oder einen anderen Blickwinkel auf bereits bekannte Filme kennenlernen.

10. Wer sind die antifeministischen Männer?

Anscheinend bin ich ein Symptom. Ein Extrembeispiel für ein schreckliches Phänomen, das die französische, nein, gar die gesamte abendländische Gesellschaft bedroht (so lässt sich »uns Weiße« freundlich formulieren, jedenfalls in Milieus, in denen offener Rassismus nicht als schick gilt). Ich verkörpere alles, was auf der Welt heutzutage schiefläuft. Ich bin die Feminisierung der Gesellschaft. Von einem moralischen und ethischen Standpunkt aus betrachtet ist das Frausein selbstverständlich sowieso ein unverzeihliches Vergehen, aber zumindest entscheiden sich die meisten von uns nicht auch noch aktiv für dieses traurige Schicksal. Heißt das also, dass unsere Gesellschaft krank ist, weil sie mich dazu getrieben hat, dem Leben als männlicher, heterosexueller Mann abzuschwören?

In diesem Kapitel werde ich auf die verschiedenen frauenfeindlichen Strömungen eingehen, die um uns herum, meist im Internet, fröhlich gedeihen. All diese offen antifeministischen Gruppen, denen zufolge Frauen die Macht ergriffen haben, Männer wegen schwanzabschneiderischer Frauen angeblich keinen mehr hochbekommen, verweiblichen und keine *richtigen Männer* mehr sind. Dieses Gerede über die Krise der Männlichkeit geht aber auch über diese Randgruppen junger, orientierungsloser Männer im Internet hinaus. Nennt mich ruhig paranoid, aber ich sehe an jeder Ecke Maskulinisten. Und mein Ziel ist, dass ihr nach diesem Kapitel dazu in der Lage seid, sie ebenfalls zu erkennen, wenn ihr ihnen begegnet.

Überblick über Maskulinisten aller Art

Fangen wir mit der Community der *Pick-up-Artists* (PUA) an. Diese sogenannten »Flirtkünstler« sind unter all den Gruppen, die ich hier vorstelle, noch die bodenständigsten. Diese Männer haben ein klares Ziel: mit so vielen Frauen wie möglich Sex zu haben. Im Zentrum dieser Communitys stehen selbsternannte Flirt-Experten, die angeblich unfehlbare Verführungstechniken entwickelt haben und diese gerne (gegen Bezahlung) mit Männern teilen, die Schwierigkeiten damit haben, Frauen ins Bett zu kriegen. Eigentlich klingt das wie ein hehres Ziel: Männern, die meist jung, orientierungslos und unbeholfen sind, dabei helfen, Selbstvertrauen zu fassen und ein wenig Liebe zu finden. Tritt man jedoch etwas näher heran, nimmt man den fiesen Gestank des Ganzen wahr.

Eine der Grundtechniken der PUA ist das *Negging* (ein Neologismus, den man ungefähr mit »Herabwürdigung« übersetzen kann). *Negging* besteht darin, einer Frau solche Dinge zu sagen wie »Du bist hübsch, fast so hübsch wie meine Ex« oder, wenn sie braune Haare hat, »Normalerweise stehe ich eher auf Blondinen«. Kaum verschleierte Beleidigungen. Man muss sein »Zielobjekt« herabwürdigen, damit es einem beweisen will, dass es gut genug ist. Dieser Technik liegt die Hoffnung zugrunde, dass die Frau relativ wenig selbstbewusst ist und nicht so viel Selbstachtung hat, als dass sie einfach auf die Meinung eines draufgängerischen Verführers scheißen könnte. So schränken PUA schon im Vorhinein die Menge ihrer möglichen »Zielobjekte« ein, denn mit solchen Taktiken haben sie nur bei den verletzlichsten Frauen Erfolg. Alle anderen sind in ihren Augen sowieso Schlampen oder, schlimmer noch, Feministinnen.

In diesen Communitys haben sich ein Vokabular und ein ganzes System an Glaubenssätzen entwickelt. Frauen sind *targets* (Zielobjekte), die Verführung bezeichnet man als *game* (Spiel, aber auch Wildjagd). Männer, die nicht wissen, wie man flirtet, sind *average frustrated chumps* (mittelmäßige, frustrierte Trottel). Sie haben Listen mit *anti-last minute resistance tactics* (Taktiken gegen den Widerstand in letzter Minute), mit denen sich Frauen vielleicht doch noch rumkriegen lassen, wenn sie nach dem vom PUA bezahlten Abendessen doch keinen Sex wollen. Ja, die meisten dieser Techniken sind nichts anderes als nicht als solche benannte Vergewaltigungsmethoden (man muss hier jedoch hinzufügen, dass sich mit dem Wort »Vergewaltigung« aus Sicht dieser Männer höchstens das bezeichnen lässt, was ein Typ mit Kapuzenpulli und einem Messer in der Hand auf einem dunklen Parkplatz macht).

Die Anthropologin Mélanie Gourarier hat diese Communitys im Rahmen ihrer Doktorarbeit über mehrere Jahre hinweg beobachtet und gezeigt, dass diese Männer eigentlich eher die Anerkennung ihrer männlichen Mitmenschen als eine Liebes- oder Sexbeziehung suchen. Frauen sind nur die Schachfiguren im großen Spiel der Liebe unter Männern, aber darauf bin ich ja bereits eingegangen. Was passiert, wenn diese Männer beschließen, auf uns zu verzichten? Dadurch ist zum Beispiel die Bewegung MGTOW entstanden (*Men Going Their Own Way*, Männer, die ihren eigenen Weg gehen). In ihren Diskussionsgruppen versprechen sie einander, nie wieder Beziehungen mit Frauen einzugehen, weil diese Dämonen und Parasiten seien, die es einzig und allein auf das Geld der Männer abgesehen haben. Auch in den Augen dieser Männer hat der Feminismus die Gesellschaft zerstört, indem er den Frauen die gesamte Macht verliehen hat. Es sei an der Zeit, diese Macht zurückzuerobern, indem man den Frauen die Vorteile vorenthält, die diese Männer ihnen angeblich ermöglichen könnten.

MGTOW ermutigen verheiratete Männer zu einer Scheidung, Singles zu Enthaltsamkeit, Männer mit Sexdrang zum Kontakt zu Prostituierten oder sogar zu einer Vergewaltigung. Sie lachen über PUA, die in ihren Augen abhängig von der Anerkennung der Frauen sind. PUA hingegen bezeichnen diese Männer als *Virgins Going Their Own Way* (Jungfrauen auf dem Abstellgleis, sozusagen). MGTOW stehen zu ihrem Separatismus, und wenn ich ehrlich bin, ist das auch besser so. Die Gesellschaft eines solchen Mannes wünsche ich wirklich keiner Frau. Jedoch bildet das Ganze auch noch seltsamere Auswüchse.

Alle Gruppen der sogenannten »Manosphere«, die PUA, die MGTOW, die Männerrechtsaktivisten etc. haben ihre Wurzeln allesamt in der gleichen antifeministischen Weltsicht. Sie unterscheiden sich nur in ihren Strategien. Sie teilen bestimmte Grundvorstellungen, für die insbesondere zwei Filme aus dem Jahr 1999 eine Rolle spielen, die sie sehr falsch verstanden haben.

Fight Club (Regie: David Fincher) ist in ihren Augen die Geschichte eines *average frustrated chumps*, der durch Faustschläge und flammende Reden eine Miliz aus lauter anderen frustrierten Männern aufbaut. Dieser Film sollte ursprünglich eine Warnung gegen solche Bewegungen sein, wurde aber letztendlich zu ihrer Inspiration.

Matrix, ein Film von zwei trans Frauen (Lana und Lilly Wachowski), ist eine Allegorie auf die geschlechtliche Transition. An einer Stelle hat die Figur Neo die Wahl zwischen zwei Pillen. Nimmt er die rote, wacht er auf und muss die Realität so sehen, wie sie wirklich ist, nimmt er die blaue, kann er alles wieder vergessen und sein bequemes, aber illusorisches Leben weiterführen. In der Manosphere ist die Wahl der roten Pille gleichbedeutend mit der Entdeckung der Realität, in der Frauen angeblich allmächtige Schädlinge sind. In der Vorstellung der Wachowski-Schwestern hingegen stellte die rote Pille Premarin dar, also eine Östrogenpille, mit der die beiden ihre Transitionen begonnen haben. Man könnte den Eindruck bekommen, dass das Entschlüsseln von Metaphern nicht gerade zu den Stärken der Maskulinisten gehört.

Mitgefühl mit Jungfrauen

In diesem ganzen Haufen gibt es eine Bewegung, bei der es mir besonders kalt den Rücken runterläuft: die Incels (kurz für *involuntary celibates*, unfreiwillig Enthaltsame). Incels haben nicht nur die *red pill* geschluckt, sondern zudem noch die *black pill*. Auch in ihren Augen sind Frauen käufliche, allmächtige Parasiten, aber sich selbst halten Incels für abstoßend, weil sie zu hässlich, zu klein, zu arm seien ... Sie glauben, niemals Zugriff auf Frauen haben zu können, weil diese allesamt »Chads« bevorzugen, hypermaskuline Männer mit vorstehender Stirn und kantigen Kieferknochen, attraktive Kerle, die sich die hübschesten Frauen krallen. Die *black pill* zu schlucken bedeutet, für immer unglücklich und allein zu sein, weil man niemals die Gene eines Chads haben wird. Den Incels bleibt nur noch eines: sich auf den Boden legen und verrecken. Man könnte Mitleid mit ihnen haben, wenn sie ihre Umgebung nicht ständig mit widerwärtigen frauenfeindlichen Tiraden überfluten würden.

Ist diese Frauenfeindlichkeit eine unvermeidliche Konsequenz ihrer sexuellen Frustration? Das kann ich aus eigener Erfahrung verneinen. Die Voraussetzungen für ein Dasein als Incel waren in meinem Leben lange Zeit gegeben. Jahrelange Erfahrungen haben mich sozusagen zu einer Expertin der Jungfräulichkeit und der Enthaltsamkeit gemacht. Laut Insee, dem französischen Amt für Statistik, waren die meisten von euch im Schnitt nur etwa siebzehn oder achtzehn Jahre lang Jungfrau, ich hingegen habe fünfundzwanzig harte Jahre auf mein erstes Mal gewartet.[1]

Ich kann die Not der Incels nachvollziehen. Damals schien mir die ganze Welt zu vermitteln, dass eine Jungfrau völlig wertlos ist. Heute kann ich darüber entspannt reden, aber damals ging es mir damit sehr schlecht. Ich schleppte das wie ein schamhaftes Geheimnis mit mir herum. Man gab mir zu verstehen, dass ich in dieser Phase meines Lebens einen One-

1 Fun Fact: Die Datengrundlage von Insee bezüglich des ersten Sexualkontakts basiert offenbar nur auf den Aussagen von 18- bis 24-Jährigen. Da falle ich also buchstäblich aus der Reihe.

Night-Stand nach dem anderen oder leidenschaftliche Liebesbeziehungen haben sollte. Mit jedem Jahr, mit dem ich mich vom Altersdurchschnitt von siebzehn Jahren entfernte, lastete dieses Gewicht schwerer auf meinen Schultern.

Da es nur wenige erwachsene Jungfrauen zu geben schien, kam ich mir vor wie eine Abnormität. Ich hatte das Gefühl, dass es mir auf der Stirn geschrieben stand, und gleichzeitig tat ich alles dafür, es geheim zu halten. Ich sagte mir, dass es schon zu spät ist, alle anderen schon entjungfert sind, der Zug meines Sexuallebens längst abgefahren ist und niemand so einen Freak wie mich will.

Später habe ich herausgefunden, dass ich bei Weitem kein Einzelfall war. Seitdem habe ich mit vielen Freundinnen gesprochen, die ihren Freund entjungfert haben, obwohl er bereits älter als zwanzig war. Vielleicht liegt das daran, dass ich viel Kontakt zu Nerds habe? Jedenfalls will ich diese Männer nicht als »ungefickt« beleidigen. Das tun Männer untereinander ja sowieso schon oft genug.

Einen Mann als »ungefickt« zu beleidigen würde bedeuten, eine Weltsicht anzuerkennen, laut der sich der Wert eines Mannes an der Menge seiner bisherigen Sexpartnerinnen misst. Incels haben keine hohe Selbstachtung, ganz im Gegenteil. Mit dieser Beleidigung bestätigt man also nur ihre Vorurteile. In Wahrheit sind sie aber nicht deshalb frauenfeindlich, weil sie Jungfrauen sind. Wahrscheinlicher ist, dass sie zumindest teilweise wegen ihrer Frauenfeindlichkeit Jungfrauen sind. Wenn man aber einen Incel entjungfert, wird aus ihm nicht auf magische Weise ein netter, dekonstruierter, feministischer Mann. Frauenfeindlichkeit verschwindet ja nicht einfach beim Kontakt mit der Vaginalschleimhaut.

In Incel-Foren liest man gelegentlich »revolutionäre« politische Forderungen, zum Beispiel nach der staatlichen Zuweisung einer Freundin an jeden Mann. Welche konkreten Konsequenzen ein solches Hirngespinst-System der Zwangsprostitution im großen Stil für Frauen hätte, ist diesen Männern scheißegal, denn im Kern hassen sie Frauen. Ihr Hauptproblem ist, dass Frauen Nein sagen dürfen. Mein Gegenvorschlag wäre vielmehr, aus Jungfräulichkeit bei Männern kein so großes Drama mehr zu machen.

Seien wir mal ehrlich: Diese Communitys sind und bleiben marginale Phänomene, ihr Einfluss ist vernachlässigbar. Mit Ausnahme ihrer Fähigkeit, Inspiration für maskulinistische Terroranschläge zu liefern. Elliot Rodger, der erste Incel, der sich zu einem Terroranschlag bekannte, tötete im Jahr 2014 in Kalifornien sechs Menschen und verletzte vierzehn weitere. Die englischsprachige Wikipedia-Seite zu Incels listet unter der Rubrik »Massenmorde und Gewalt« dreizehn Fälle auf. In Foren wie Reddit oder 8chan beweihräuchern Incels auch andere Mörder, die kein Teil ihrer Bewegung sind. Und damit sind sie nicht allein: Bewunderung für terroristische maskulinistische »Märtyrer« gehört in solchen Communitys eigentlich immer dazu. Das lässt sich mindestens bis 1989 zurückverfolgen, als Marc Lépine an der Polytechnischen Hochschule Montréal das Feuer eröffnete, vierzehn Frauen tötete und vierzehn weitere Menschen verletzte. Diese Maskulinisten sind nicht einfach irgendwelche armseligen Typen, über die man lachen oder für die man Mitleid empfinden kann, sondern sie gehören zu den extremsten Auswüchsen des erstarkenden Faschismus. Und ihre Bewunderung für frauenfeindliche Mörder ist das Bindeglied zwischen ihnen und anderen, nur scheinbar respektableren Communitys.

Märtyrer für die Sache

Im Jahr 1969 empfing André Fourquet seine drei Kinder für vierundzwanzig Stunden auf seinem Bauernhof, gemäß seines Umgangsrechts, das ihm nach der Scheidung von seiner Frau richterlich zugesprochen worden war. Vor der Trennung hatte er seine Frau geschlagen. 1967 musste er eine sechsmonatige Gefängnisstrafe absitzen, weil er sich zwei Wochen lang mit seinen Kindern auf seinem Hof verschanzt hatte. Es war also eigentlich verwunderlich, dass er weiterhin ein Umgangsrecht hatte. An diesem Tag beschloss er, seine Kinder erneut einzusperren. Die sogenannte Cestas-Affäre war die erste Geiselnahme, die in Frankreich im großen Stil medial begleitet und vom ganzen Land verfolgt wurde. André Fourquet verkündete, dass er seine Kinder freilassen wolle, wenn seine Ex-Frau sich ihm ausliefere und er sie töten könne. Nach über zwei Wochen stürmte die Polizei den Hof. André Fourquet tötete zwei seiner Kinder und nahm sich anschließend das Leben. Die älteste Tochter konnte glücklicherweise fliehen.

Bei der Beerdigung der Kinder wurde die Ex-Frau des Täters von der Menge angegangen. Man warf ihr vor, dass sie sich nicht ergeben hatte. Später wurde diese Tragödie von der ersten französischen Organisation geschiedener Väter, der *Défense des intérêts des divorcés hommes et de leurs enfants mineurs* (DIDHEM; etwa: Verteidigung der Interessen geschiedener Männer und ihrer minderjährigen Kinder) als Auslöser für deren

Gründung beschrieben.[2] Aus dieser Organisation ging später das *Mouvement d'égalité parentale* (etwa: Bewegung für die Gleichbehandlung von Eltern) hervor, aus dem wiederum der heutige Verein *SOS Papa* erwuchs. Auf den Webseiten dieser sehr bekannten Bewegungen, die sich angeblich für Väterrechte einsetzen, denen Respekt und Mitgefühl der Medien zuteilwerden und die obendrein von Ministerien berücksichtigt werden, finden sich ganz leicht Berichte über ähnliche Tragödien. Immer wenn ein Mann seine Ex-Frau und/oder seine Kinder tötet, treten diese Organisationen auf den Plan und beweinen die Märtyrer eines angeblich ungerechten Rechtssystems, das (oft körperlich wie psychisch gewalttätigen) Männern ihre Kinder wegnehmen wollte.

Eine ihrer perversesten Waffen ist das pseudowissenschaftliche Konzept des »elterlichen Entfremdungssyndroms«, das auf den amerikanischen Psychiater Richard A. Gardner zurückgeht. Ein Elternteil, typischerweise die Mutter, hetze die Kinder gegen das andere, meist den Vater, auf und könne sie so davon überzeugen, dass er ihnen Gewalt angetan und/oder sich sexuell an ihnen vergangen habe. Dieses Syndrom wurde in der Psychiatrie zwar nie anerkannt, wird aber vor Gericht regelmäßig von Vätern herangezogen, die damit die Aussagen der Mütter und Kinder in Zweifel ziehen wollen. Allerdings ist die wissenschaftliche Grundlage dafür in etwa genauso belastbar wie jene für Richard Gardners Behauptungen, Inzest könnte auch schön oder sogar förderlich für Kinder sein.[3] Maskulinisten zögern nicht lange, wenn es darum geht, Mord oder Pädokriminalität zu verteidigen.

Da wir gerade bei solch erfreulichen Themen sind, können wir auch gleich auf den nächsten Mörder zu sprechen kommen: Anders Behring Breivik. Im Jahr 2011 zündete der Norweger eine Bombe, die acht Todesopfer forderte, und erschoss anschließend neunundsechzig Menschen. Sein erklärtes Ziel: ein 1500-seitiges Manifest verbreiten, das er vor seinem Attentat an über eintausend Menschen verschickt hatte. In diesem Manifest, das unter anderem von Renaud Camus' Theorie des »Großen Austauschs«

---

2 Diese Geschichte habe ich aus folgender Quelle: Prigent, Pierre-Guillaume/Sueur, Gwénola (2019): »Stratégies discursives et juridiques des groupes de pères séparés. L'expérience française«. In: Baird, Christine/Blais, Mélissa/Dupuis-Déri, Francis: *Antiféminismes et masculinismes d'hier et d'aujourd'hui*. Paris: PUF.

3 Dallam, Stéphanie (o. J.): »Le syndrome d'aliénation parentale a-t-il une base empirique? Examen critique des théories et opinions de R. Gardner«, https://sisyphe.org/IMG/pdf/doc-164.pdf

DANN SCHAUEN WIR MAL, WER SICH HINTER DER MASKE DIESES VÄTERAKTIVISTEN VERBIRGT!
EIN MASKU-LINIST!
OHNE EUCH HÄTTE ICH FÜR DAS PATRIARCHAT KÄMPFEN KÖNNEN, IHR LESBENBANDE!

inspiriert war, behauptet Breivik, Europa sei durch den Feminismus geschwächt und werde bald vom Islam zerstört. Ganz offenkundig besteht eine Verbindung zwischen ihm und allen maskulinistischen Strömungen vom Antifeminismus bis zur rechtsextremen Ideologie. Antifeministische Männer, die die *red pill* geschluckt haben, sind logischerweise ein hervorragendes Rekrutierungsbecken für Neonazis, die Alt Right und andere Identitäre.

In Frankreich findet sich derselbe Mischmasch aus Hass aller Art bei Menschen wie Éric Zemmour oder Alain Soral. Diese beiden Männer wurden bereits mehrfach wegen Aufrufen zu rassistischer Diskriminierung rechtskräftig verurteilt und sind zugleich flammende Verfechter von Antifeminismus und Frauenfeindlichkeit, allerdings ist und bleibt der Aufruf zu frauenfeindlichem Hass absolut legal. Diese Ideologien vertreten nicht nur verrückte Mörder und frustrierte Jungfrauen, die zu viel Zeit im Internet verbringen. Viele Menschen neigen dazu, den Einfluss solcher Leute von der Hand zu weisen, weil es sich nur um Extremisten ohne wirkliche politische Bedeutung handle, doch in diesen beiden Fällen stimmt das nicht. Dazu kommt noch, dass Soral und Zemmour zu einem größeren antifeministischen, rassistischen und islamfeindlichen Diskurs beitragen, dessen Mainstream-Version sich sogar auf den höchsten Ebenen in der panischen Angst vor der angeblichen »Islam-Linken«, »intersektionaler Ideologie« oder »Wokismus« äußert, neuen politischen »Viren« also, die es auszulöschen gelte.

Maskulinisten, die sich nicht als solche bezeichnen

Eine der zentralen Verkörperungen der aktuellen hegemonialen Männlichkeit findet sich heutzutage in der Welt des Managements: der aktive, wohlhabende Mann, der schicke Anzüge trägt und oft mit dem Flugzeug reist. So jemand gibt sich normalerweise nicht offen als antifeministisch. Nach außen hin ist er sogar sehr für Gleichberechtigung von Männern und Frauen. Raewyn Connell hat diesen Businessmännern eine Studie gewidmet.[4] Diese Managermännlichkeit tut genau eines: beherrschen. Der Managermann herrscht über seine Teams. Er lenkt seine Karriere. Er hat

4 Connell, Raewyn W./Wood, Julian (2005): »Globalization and business masculinities«. In: *Men and Masculinities*. N° 7. 347–364.

seinen Körper im Griff, indem er Sport macht und sich bewusst ernährt. Wahrscheinlich trägt er ein Armband, das seine körperliche Aktivität misst, um seine Leistungsfähigkeit zu steigern. Darüber hinaus managt er sein Liebes- und Familienleben.

Da diese weißen Männer sich nicht mehr offen als sexistisch oder rassistisch zu erkennen geben, lässt sich die Tatsache, dass sie noch immer ein Monopol auf Machtpositionen haben, nur noch auf eine Weise erklären: Die anderen sind das Problem. Frauen müssen eben lernen, sich reinzuhängen und sich anzupassen. Vor allem aber solltet ihr nichts hinterfragen. Der Feminismus ist weit genug gegangen, also macht jetzt gefälligst woanders weiter. »Woanders« soll heißen: im Ausland oder in den Banlieues. Diese Ansicht teilen unsere Manager mit ihren Kumpels aus der extremen Rechten: Die Bedrohung für die Frauen gehe nicht von weißen Menschen aus. Wenn aber durch Hashtagkampagnen wie #MeToo und #Balancetonporc[5] Männer aller Gesellschaftsgruppen angeprangert werden – also auch Start-up-Gründer namens François – gehen die Frauen zu weit.

Strukturelle und systemische Hindernisse einfach abzustreiten und zu behaupten, dass der Feminismus gewonnen habe und die Bewegung doch endlich mal die Waffen strecken solle, ist auch eine Form von Antifeminismus. Diese heimtückische Form des Abstreitens ermöglichte Emmanuel Macron, diesem Vertreter der Managermännlichkeit schlechthin, einerseits die Gleichberechtigung von Frauen und Männern als Hauptziel seiner Amtszeit zu bezeichnen und andererseits eine Sozialpolitik zu verfolgen, die den Interessen von Frauen diametral entgegengesetzt ist. Wenn Frauen insgesamt ärmer sind als Männer, ist jede Politik antifeministisch, die diese Ungleichheit noch verschärft. Wenn Frauen insgesamt prekärer leben als Männer, trifft jede Politik, die die Einkünfte von Erwerbslosen und Rentner*innen reduziert, vor allem Frauen. Wenn man einerseits an einem Runden Tisch über Gewalt gegen Frauen diskutiert und sie andererseits mehr und mehr finanziell abhängig von Männern macht, begünstigt man damit Gewalt. Wenn man ein öffentliches Krankenhaus schließt und die Finanzierung von Organisationen für zum Beispiel Familienplanung zurückschraubt, schadet man damit aktiv der Gesundheit von Frauen.

---

5 Anm. d. Übers.: In Frankreich wurde statt #MeToo häufig #Balancetonporc verwendet, was so viel heißt wie »Prangere dein Schwein an«.

Männer haben zu Recht Angst

Wenn Maskulinisten darüber sprechen, dass Männer im Straßenverkehr oder auf Schlachtfeldern sterben, Suizid begehen oder sich durch Alkoholmissbrauch die Leber ruinieren, dann beklagen sie damit eigentlich die Konsequenzen ihrer eigenen Handlungen. Die männliche Herrschaft an sich passt ihnen ansonsten ganz gut in den Kram. Hätten sie wirklich ein Problem mit dieser Situation, würden sie sich um obdachlose und von Gewalt betroffene Männer kümmern und sich für Suizidprävention einsetzen. Doch diese männlichen Opfer des Patriarchats interessieren sie nur, wenn sie sie als Argumente gegen den Feminismus nutzen können.

Gehen diese Männer richtig in der Annahme, dass der Feminismus ihr Hauptfeind ist? Maskulinisten aller Art haben da nicht ganz unrecht: Wir sind tatsächlich ihre Feind*innen. Wir wollen die Männlichkeit tatsächlich in eine Krise stürzen. Der Zusammenbruch traditioneller Familienwerte ist wirklich eine der Folgen unserer geplanten feministischen Revolution. Wenn sich Männer als Klasse allein über die Ausbeutung der Körper und der Arbeit von Frauen definieren, wird es in der Tat keine Männer mehr geben, wenn wir fertig sind. In einer wahrhaftig befreiten Gesellschaft hat Zweigeschlechtlichkeit keinen Sinn mehr. Unser Endziel ist nicht die bloße »Gleichberechtigung von Frauen und Männern«, sondern die Abschaffung der Kategorie Geschlecht.

Als ich einer ehemaligen Kollegin von diesem Buch erzählt habe, war sie überrascht. Sie dachte, dass ich als trans Frau jegliche Binarität der Geschlechter ablehnen müsste und dass in meinen Augen der Unterschied zwischen Männern und Frauen künstlich und damit immateriell sei. Ja, ich halte diesen Unterschied für künstlich, aber wenn ein Mann mir auf der Straße hinterherläuft und einen Blowjob von mir verlangt, wenn meine berufliche Glaubwürdigkeit durch meine Weiblichkeit verlorengeht, wenn ich im Rahmen meiner Transition Tausende Hürden nehmen muss – da erscheint mir die Geschlechterdifferenz alles andere als immateriell. Die materielle Realität der männlichen Herrschaft zu verstecken und abzustreiten ist eine der effektivsten Strategien von Antifeminist*innen jeglicher Art. Jedes Mal, wenn wir ein weiteres Element dieser Herrschaft ans Licht bringen, bröckelt der Schutzwall ein wenig mehr.

Dank meiner Transition sehe ich unsere Feinde nun klarer. Sie haben uns ihrerseits bereits eindeutig identifiziert. Ich rufe mit diesem Buch keinen

Geschlechterkrieg aus, denn der findet sowieso schon seit Langem jeden Tag statt. Allerdings werden nicht wir ihn verlieren. Feminismus heißt Verteidigung und Widerstand. Alle Antifeminist*innen, seien es nun Incels, rechtsextreme Aktivist*innen oder Präsident*innen, seien gewarnt: Euer Schloss wird in sich zusammenfallen.

Zur Vertiefung:

Dupuis-Déri, Francis (2018): ***La Crise de la masculinité. Autopsie d'un mythe tenace.*** **Montréal: Éditions du Remue-ménage.**
Seit dem Amoklauf an der Polytechnischen Hochschule Montréal haben sich Forscher*innen aus Québec des Themas Maskulinismus angenommen. In Montréal sind Väterrechtsorganisationen besonders aktiv und haben damit die akademische Aufmerksamkeit auf sich gezogen. In diesem Buch erfahrt ihr, wie diese Bewegungen aus rein männlichen Selbsthilfegruppen nach dem Vorbild weiblicher Gruppen entstanden sind, wie sie die angebliche »Krise der Männlichkeit« zu antifeministischen Zwecken gebrauchen und wieso diese Männer besser den Neoliberalismus als Quelle ihrer Probleme ansehen sollten.

Wittig, Monique (1992): ***The Straight Mind and Other Essays.*** **Boston: Beacon Press.**
In dieser unumgänglichen Essaysammlung der Autorin und radikalen lesbischen Aktivistin Monique Wittig erfährt man nicht viel über Maskulinisten, aber da ich am Ende dieses Kapitels auf den revolutionären Feminismus eingegangen bin, kann ich euch auch gleich ein Buch empfehlen, nach dessen Lektüre ihr ebenfalls alles anzünden wollt. In wenigen präzisen, flammenden Essays hinterfragt Wittig alles, was das System Heterosexualität erschaffen hat, damit wir ganz sanft zur Akzeptanz der männlichen Herrschaft überredet werden.

Wynn, Natalie (2018): »Incels«, YouTube-Video des Kanals ContraPoints
Ja, das ist schon das zweite Video des Kanals ContraPoints, das ich hier empfehle, aber Natalie Wynn ist eben mein Vorbild in Sachen Bildung und Style. In diesem 38-minütigen Video spricht sie über alles, was ihr jemals über Incels (nicht) wissen wolltet. Es ist lehrreich, witzig und auf morbide Weise faszinierend. Außerdem ist es ein hervorragendes Werkzeug für

die Deradikalisierung junger Männer, die kurz davor sind, die *red pill* zu schlucken.
https://www.youtube.com/watch?v=fD2briZ6fB0

Ergänzende Empfehlungen zur deutschen Übersetzung

Kracher, Veronika (2020): *Incels: Geschichte, Sprache und Ideologie eines Online-Kults.* Mainz: Ventil Verlag.
Kaiser, Susanne (2020): *Politische Männlichkeit. Wie Incels, Fundamentalisten und Autoritäre für das Patriarchat mobilmachen.* Frankfurt am Main: Suhrkamp.
Diese beiden deutschsprachigen Publikationen bieten interessierten Leser*innen einen fundierten Ein- und Überblick bezüglich Incels, »Manosphere« und des rechtsextremen Radikalisierungspotenzials, das diesen Bewegungen zugrunde liegt.

Vierter Teil. Mit den Frauen

Historisch gesehen beschäftigt sich der Feminismus schon immer mit den Verhältnissen zwischen Männern und Frauen. Logischerweise muss er sich also auch mit der Heterosexualität befassen. Wie kann man die Beziehung zwischen Männern und Frauen in Worte fassen? In diesem Teil des Buches wird es notwendigerweise um einige abgedroschene Themen gehen, aber ich werde versuchen, nicht zu sehr auf die Beherrschten, sondern auf die Herrschenden zu schauen. Warum tun sie den Frauen all das an? Welchen Nutzen ziehen sie daraus? Inwiefern definiert sie das? Kurz: Wir werden uns ansehen, wie Männer es immer so drehen, dass sie am Ende gewinnen können – diese Formulierung könnte in gewisser Weise eine Definition des Patriarchats sein.

11. Verführen oder belästigen?

Eine Frage wurde mir schon sehr oft gestellt, und als ich meinen Blog über Männer gestartet habe, stellte ich mir diese Frage selbst: Wie kann man mit Frauen flirten und sie verführen, ohne sie dabei zu belästigen? Manchmal wird diese Frage in einem eher aggressiven Ton formuliert, als wollten die bösen Feministinnen den Männern das Flirten verbieten und somit für das Aussterben der Menschen sorgen. Manchmal fragen das aber auch arglose Männer, die alles richtig machen oder einfach weiterhin guten Gewissens ficken wollen.

Seit #MeToo scheint dieses offenbar heikle Problem Männern keine Ruhe mehr zu lassen. Man könnte diesen Männern ganz einfach einen *Ratgeber für sicheres und lieb gemeintes Flirten* überreichen. Vielleicht irgendetwas zwischen einem Knigge-Kurs und einer Anleitung zum Flachlegen von Feministinnen. Mit meinem Buch möchte ich jedoch weder das männliche Gewissen beruhigen, noch es belasten. Viel lieber möchte ich die Situation etwas eingehender analysieren. Danach müsst ihr eben selbst überlegen, was ihr für richtig haltet.

Männern, die ihre Flirtpraktiken als Verführung verteidigen, entgegnen Feministinnen meist, dass »heftiges« Flirten eher Belästigung als Verführung sei. Wenn das wirklich so ist, bedeutet das dann, dass es einen bestimmten Moment gibt, in dem Verführung in Belästigung umschlägt? Eine eindeutige Grenze? Es gibt davon sogar Tausende. Und die hängen meist vom Kontext ab.

Wenn ihr eine Frau um Sex bittet, ist es schließlich etwas ganz anderes, ob ihr das in eurer Hochzeitsnacht oder bei einem Bewerbungsgespräch tut. Klar, ihr werdet mir jetzt sagen, dass das doch offensichtlich ist und ich wohl desillusioniert bin, aber wenn einem Chef mal wieder sexuelle Belästigung vorgeworfen wird, hört man solche Rechtfertigungen doch immer wieder: Sie seien doch nur bescheidene Verführer, und es war ja auch nur ein Angebot. Und die Frauen sind doch frei, so etwas ganz einfach abzulehnen, oder etwa nicht? Ja, natürlich sind wir so frei zu denken, dass ihr uns für dumm verkaufen wollt.

Aber wir wollen zuerst mal einen historischen Fortschritt anerkennen: Die Frage nach dem Unterschied zwischen Verführung und Belästigung hat man sich nicht in jeder Epoche und in allen Zivilisationen gestellt. Diese Unterscheidung gibt es nur dann, wenn überhaupt ein Konzept von weiblichem Einverständnis besteht. In der griechischen oder römischen Antike war das nicht selbstverständlich. Bei den damaligen Vergewaltigungen oder

Entführungen von Helena von Troja, der Sabinerinnen oder von Lucretia galt in erster Linie als verstörend, dass ihren Ehegatten oder Vätern nicht genügend Respekt vor ihrem Eigentum entgegengebracht wurde. Diese Geschichten wurden von Männern überliefert und wir wissen kaum etwas über Helenas Seelenleben, wahrscheinlich weil es aus Sicht der griechischen Männer eher nebensächlich war.

Aber gibt es denn keine Grauzonen? Es wäre viel zu vereinfachend, wenn wir davon ausgingen, dass alles immer eindeutig ist und die Regeln immer klar sind. In Wahrheit gibt es viele Missverständnisse und Fehleinschätzungen, die manchmal auch gewollt sind. Eine der größten und noch immer bestehenden Baustellen des Feminismus ist es, Grenzen zu versetzen und die Regeln zu verändern. Vermutlich werden sie niemals vollkommen eindeutig für jeden Menschen und jeden Kontext sein. Allerdings glaube ich, dass Grauzonen hier nicht das eigentliche Problem sind. Um es ganz klar zu formulieren: Vergewaltigung ist niemals ein Missverständnis.

In diesem und den folgenden Kapiteln werden wir die Romantik mal beiseitelassen und stattdessen die Beziehungen von Frauen und Männern unter dem Mikroskop betrachten. Dabei werden wir natürlich nicht auf die stark vereinfachte (und sexistische) Annahme zurückgreifen, dass Männer vom Mars und Frauen von der Venus kommen. Wir sprechen dieselbe Sprache und verstehen einander in der Regel sehr gut. Der große Unterschied liegt nicht in unserem Gehirn, unserer Sprache oder unseren kommunikativen Fähigkeiten, sondern in der Tatsache, dass wir ziemlich oft unterschiedliche Interessen haben.

Nette Kerle

Beginnen wir mit der Betrachtung von zwei Mythen über die Beziehungen zwischen Frauen und Männern. Diese Mythen gehen Hand in Hand und sind meiner Meinung nach recht symptomatisch: der *nice guy* (der nette Kerl) und die *friendzone* (die Freundschaftszone). Der *nice guy* ist eine ganz bestimmte Gattung Mann, mit der viele Frauen schon zu tun hatten. Eigentlich mag nette Kerle ja jeder, aber, um Bon Jovi zu paraphrasieren, verpasst der *nice guy* der Nettigkeit einen schlechten Ruf.

Der *nice guy* wirkt auf den ersten Blick nett, aber schon bevor er sein wahres Ich zeigt (Spoiler: so nett ist er nämlich gar nicht), erkennt man ihn bereits an seiner Obsession mit seinem natürlichen Feind, dem *bad boy*. Der *nice guy* erzählt sich selbst eine Geschichte. Darin verführt der *bad boy* Frauen, indem er sie wie Scheiße behandelt, weil die Frauen, die stehen halt auf so was. Der *bad boy* ist ein schwanzgesteuerter Macho, ganz im Gegensatz zum *nice guy*, diesem galanten Romantiker. Manchmal macht der *nice guy* auch ein Praktikum in Sachen Verführungskunst, weil er das *bad-boy*-Sein erlernen will (vielleicht ist er sogar der Hauptkunde der *Pick-up-Artists*, um die es im vorigen Kapitel ging).

Euch wird sicher auffallen, dass *nice guys* keine besonders hohe Meinung von anderen Männern haben, als Feministen bezeichnen würden sich aber nur die kühnsten unter ihnen. Überall sehen sie Widerlinge. Anstatt Feministinnen zu beschuldigen, sie würden Männer hassen, wäre es vielleicht sinnvoller, sich eher jene sexistischen Typen vorzuknöpfen, die ständig behaupten, Männer seien von Natur aus brutale Raubtiere. Offensichtlich hält sich der *nice guy* für eine Ausnahme von dieser Regel. Dank diesem sehr einseitigen Blick kann er sich sicher sein, dass alles, was er tut, gut und nett ist. Es ist der perfekte Zirkelschluss: Er ist nett, deshalb tut er nur Gutes, und deshalb ist er nett.

Das ist die Verführungstechnik des *nice guys*: Nettigkeit. Er macht Frauen Komplimente und steht ihnen moralisch zur Seite, ist also ein total lieber Kerl. In Internet-Memes zum Thema *nice guys* tröstet er eine Freundin (die meistens super sexy ist), nachdem ihr *bad-boy*-Partner mit ihr Schluss gemacht hat. Jetzt denkt er, seine Sternstunde sei gekommen: Er, der immer so nett zu dieser Freundin war, der sie immer so unterstützt hat, kann endlich mit ihr schlafen! Doch dann – ach weh! – erklärt sie ihm, dass er für sie ein guter Freund ist (oder, in den ekelhafteren Versionen des Memes, dass sie ihn wie eine gute Freundin sieht, denn immerhin ist es erniedrigend, eine Frau zu sein, schon vergessen?). Und schon befindet er sich in der *friendzone*.

Die gleichen frauenfeindlichen Leute, die den Mythos des *nice guys* lebendig halten, warnen auch vor der *friendzone*. Um eines klarzustellen: Die Erfahrung, dass jemand, von dem man eigentlich mehr will, eine*n »nur« als gute*n Freund*in sieht, kennen alle Männer, Frauen und Nicht-Binären. Ich glaube, sogar meine Hündin kennt das. Und natürlich ist das keine besonders angenehme Erfahrung. Das Problem ist, dass das Konzept *friendzone* mit lauter Vorurteilen überhäuft wurde, denen zufolge so etwas

Männern[1], also *nice guys*, nur deshalb passiert, weil sie nett sind. Und daraus wird dann gefolgert, dass man Frauen nicht so nett behandeln sollte, weil einem sonst das unfassbare Grauen bevorsteht, mit ihnen befreundet sein zu müssen. Stellt euch das Ausmaß dieser Problematik mal vor: Man findet Freundinnen! Warum sollte man mit einer Frau befreundet sein wollen? Dafür gibt es doch andere Frauen, die so was übernehmen?

Die Angst vor der *friendzone* entlarvt, dass diese Männer einen Flirt als Geschäft und Nettigkeit als Investition verstehen. Der *nice guy* denkt, er sei ganz anders als andere Männer, zudem hat er eine geschäftliche Sicht auf menschliche Beziehungen und ist deshalb davon überzeugt, ein sexuelles und/oder romantisches Verhältnis mit einer Frau zu verdienen, wenn er sich ihr gegenüber auch nur geringfügig anständig verhält. Aber aus irgendeinem Grund sind in seinen Augen die anderen Männer in dieser Geschichte die Bösen.

Meistens reagiert der *nice guy* ziemlich niederträchtig auf die Zurückweisung durch eine Frau. Er macht frauenfeindliche Bemerkungen und widmet seine *enorme Großzügigkeit* anschließend dem nächsten Opfer. Und vielleicht hat er durch seine Weinerlichkeit, seine Flüche, Vorwürfe und Drohungen so ganz nebenbei auch noch die Frau ein bisschen traumatisiert, die dachte, in ihm einen Freund zu haben.

Muss ich wirklich darauf hinweisen, dass man für Nettigkeit keine Gegenleistungen verdient hat? Dass es manipulativ ist, nur deshalb »nett« zu sein, weil man sich insgeheim erhofft, dass dadurch etwas herausspringt? Dabei wird Nettigkeit sicherlich auf vielfältige Weise belohnt! Mit einem Lächeln, einem Dankeschön, einer Freundschaft oder einem Geschenkgutschein, einzulösen in allen teilnehmenden Filialen. Gewisse Dinge hingegen sollten nie eine Belohnung sein, und zwar der Zugang zum Körper eines Menschen, Intimität und Sex.

Wenn ihr für jede gute Tat eine Belohnung erwartet, ist das nicht nett, sondern einfach nur berechnend. Gründet halt ein Start-up und erfindet die Nettigkeit neu, indem ihr Soloselbstständige gegen Bezahlung mit dem Rad herumfahren und gute Taten vollbringen lasst. Ich werde euch nicht davon abhalten. Aber wirklich »nett« macht euch das nicht. Gute

1 Eine Freundin von mir hat eine Behinderung und bedauert, dass dieses Phänomen so sehr von frauenfeindlichen Männern vereinnahmt wird, dass es schwierig wird, auch über die Entsexualisierung anderer Bevölkerungsgruppen zu sprechen.

Manieren und Freundlichkeit verdienen keine Gegenleistungen. Ihr seid keine Feministen, nur weil ihr eure Freundin oder eure Mutter mehr oder weniger korrekt behandelt, ihr seid ja schließlich auch nicht gleich große Humanisten, nur weil ihr keine Obdachlosen tretet. Was genau habt ihr bisher gegen das Patriarchat getan?

Selbst wenn ihr einem Maskulinisten den Kopf abhackt und ihn auf einem Tablett serviert (nein, im Ernst, macht das bloß nicht, Gewalt ist was Schlimmes, außer es geht um einvernehmliche Handlungen zwischen Erwachsenen), selbst wenn ihr durch eure Liebe das Patriarchat niederreißt, ist euch keine Frau auf der Welt Zuneigung oder Sex schuldig. Verführung ist kein Geschäft. Die Vorstellung, Frauen würden eher auf *bad boys* stehen, die sie schlecht behandeln, gerät schon dann ins Wanken, wenn man sich mal anschaut, wie selbsternannte *nice guys* Frauen behandeln. Treffen viele heterosexuelle Frauen in Hinblick auf Beziehungen schlechte Entscheidungen? Zweifelsohne. Aber haben sie besonders viele gute Alternativen? Da streiten die Gelehrten noch.

Die Welt teilt sich nicht in gute und schlechte Männer. Manche Menschen verhalten sich in bestimmten Situationen korrekt und in anderen nicht, und als Menschen müssen wir uns eben immer wieder aufs Neue entscheiden. Wenn ihr unabhängig von eurer Meinung zu euch selbst und zu anderen über eure Taten nachdenkt, vermeidet ihr damit ziemlich viele Fehltritte und zudem denkt ihr dann nicht, dass euch jemand irgendetwas schuldig ist.

Damit ihr besser versteht, was das Ganze mit Frauenfeindlichkeit zu tun hat, möchte ich kurz den Begriff »ambivalenter Sexismus« erklären. Er stammt von den US-amerikanischen Psychologieprofessor*innen Peter Glick und Susan Fiske. Beim ambivalenten Sexismus treffen zwei Formen des Sexismus aufeinander:

- der feindselige Sexismus, der sich in der Regel leicht erkennen lässt, etwa wenn es heißt, Frauen könnten nicht Auto fahren, seien notorische Lügnerinnen oder würden durch ihre Menstruation dafür sorgen, dass die Sahne nicht steif wird.
- der wohlwollende Sexismus, der etwas heimtückischer ist. Der geht von Männern aus, die behaupten, sie würden Frauen lieben und man müsse sie wie Prinzessinnen oder zerbrechliche kleine Dinge behandeln: Ritterlichkeit gepaart mit äußerster Herablassung.

Diese beiden Formen von Sexismus scheinen zwar auf den ersten Blick unvereinbar, gehen aber häufig von denselben Menschen aus. Jene Männer, die die widerlichste Frauenfeindlichkeit an den Tag legen, behaupten oft, sie würden Frauen lieben. Aber eben »echte« Frauen, die folgsam und elegant sind und »ihren Platz« kennen. Solche Männer halten euch die Tür auf, um euch besser auf den Hintern glotzen zu können.

Der Begriff des ambivalenten Sexismus steht auch in der Nähe des oppositionellen Sexismus, also der Vorstellung, dass die Unterschiede zwischen den Geschlechtern absolut und unüberwindbar sind.

Männer, die Frauen belästigen

Lassen wir nun die Frage »Flirt oder Belästigung?« hinter uns und wenden uns jenen zu, die offiziell schlechte Menschen sind: Männern, die Frauen belästigen. Die Mehrheit der Frauen erlebt Belästigung. 86 Prozent von ihnen geben an, schon einmal auf der Straße belästigt worden zu sein,[2] eine von fünf Frauen hat bereits auf der Arbeit Belästigung erfahren,[3] und 38 Prozent von ihnen auch im Internet.[4]

Ich habe keine vergleichbaren Zahlen zu den Tätern gefunden. Wer sind sie? Was wollen sie? Diese Fragen wurden bisher noch zu wenig erforscht, obwohl die Antworten darauf doch wesentlich für eine wirksame Präventionspolitik wären. Anstatt Frauen zu sagen, auf welche Weisen sie sich schützen könnten, wäre es sinnvoller, Männer von der Belästigung abzuhalten.

Habt ihr schon mal von *dick pics* gehört? So nennt man Bilder, die Männer von ihren Penissen machen und Frauen schicken, meist ohne deren Einverständnis. Wie bei allen anderen Arten der Belästigung, auf die ich noch zu sprechen komme, ist es auch hier auffällig, dass es kein weibliches Äquivalent gibt, beziehungsweise dass Frauen sich zu selten so verhalten, als dass es dafür einen Begriff und eine Datenlage gäbe. Für einen Heteromann ist es unwahrscheinlich, ungefragt *dick pics* zu bekommen (ganz zu

2 »Les femmes face aux violences sexuelles et au harcèlement dans la rue«, IFOP-Studie von 2018.

3 »Harcèlement sexuel au travail«, IFOP-Studie von 2018, in Auftrag gegeben vom *Défenseur des droits* (Anm. d. Übers.: Eine unabhängige Rechtsinstitution, die die rechtliche Gleichstellung aller Menschen gewährleisten und Diskriminierung bekämpfen soll. In das Aufgabengebiet fallen vor allem Kinderrechte, die Wahrung des Berufsethos bei der Polizei und Hilfe bei Problemen mit Ämtern.)

4 »Digital Civility Index 2019«, Internationale Studie von Microsoft.

schweigen von *vagina pics*), während aus US-amerikanischen Statistiken hervorgeht, dass 53 Prozent der Frauen zwischen achtzehn und vierunddreißig Jahren schon einmal ein *dick pic* bekommen haben, das sie in 78 Prozent der Fälle nicht sehen wollten.[5]

Dieses Verhalten, eine Form von Exhibitionismus, wurde im Rahmen einer Studie mit eintausend US-Amerikanern, die virtuellen Exhibitionismus betreiben, näher untersucht.[6] Dabei wurde festgestellt, dass Männer, die *dick pics* verschicken, überdurchschnittlich narzisstisch und sexistisch sind (genauer gesagt: Sie stimmen häufiger Aussagen zu, die von den Forscher*innen als ambivalent oder feindselig sexistisch eingestuft wurden). Nach eigener Aussage allerdings verschicken sie diese Fotos in der Hoffnung auf einen Tausch: »Ich zeig dir meinen Schwanz, dann zeigst du mir deine Pussy.« So denken sie offenbar. Auf den Gedanken, das Gegenüber erst mal um Einverständnis zu bitten, kommen sie aber nicht. Sie verfolgen nicht bewusst das Ziel, jemanden zu dominieren oder zu demütigen, unterm Strich tun sie es aber doch.

Das Versenden von *dick pics* schlägt in dieselbe Kerbe wie eine andere meist männliche Praktik, die in vielen Regionen der Welt bekannt ist: das Zeichnen von Penissen. Männer zeichnen diese symbolische Repräsentation überallhin, wo sie nur können: in Schulhefte, auf Schreibpulte, Toilettenwände oder Mauern. Zwei Kreise, dazwischen eine längliche Wölbung, und zack – jede*r erkennt darin einen Penis. Solche Graffiti wurden bereits im antiken Rom gezeichnet und auch schon viel früher. Man findet sie in vielen Teilen der Welt, wahrscheinlich sogar überall. Fragt mal einen Mann, wieso er das macht, und er wird bestimmt antworten: »Weil's witzig ist.« Fragt einen Psychoanalytiker und er wird antworten, es handle sich dabei um einen Ausdruck von Kastrationsangst. Männer halten den Penis für ein Symbol von Macht und rückversichern sich offenbar dieser Macht, indem sie es überall verbreiten. Entsprechend ist das Versenden eines *dick pics* so ähnlich wie eine Peniszeichnung – eine Art, Raum einzunehmen, sein Revier zu markieren und Anspruch darauf zu erheben. Und bei diesem

5 Bame, Yael (2017): »53% of millennial women have received a naked photo from a man«, yougov.com, https://today.yougov.com/topics/society/articles-reports/2017/10/09/53-millennial-women-have-received-dick-pic

6 Oswald, Flora/Lopes, Alex/Skoda, Kaylee/Hesse, Cassandra L./Pedersen, Cory L. (2020): »I'll show you mine so you'll show me yours: motivations and personality variables in photographic exhibitionism«. In: *The Journal of Sex Research*, 57(5). 597–609.

Revier kann es sich um die Straße handeln oder um eine Frau, die einfach nur durch Instagram scrollen wollte.

Im Westen gibt es keine symbolische Repräsentation der Vulva, die genauso unmittelbar erkennbar und vor allem genauso weitverbreitet und überall zu sehen ist. Klar, wenn man von Freud und Symbolen gehört hat, wird man vielleicht in jeder künstlerischen Darstellung eines Brunnens oder einer Höhle gleich eine Vagina oder den »mütterlichen Uterus« erkennen.

Aber die Vulva ist doch kein bloßes Loch. Und die jüngeren Generationen an Feminist*innen scheinen das Problem an der Wurzel zu packen, indem sie ihrerseits Vulva und Klitoris überall hinzeichnen. Oft sind das ganz schematische Darstellungen, etwa die Form einer Mandel mit einem kleinen Kreis für die Klitoris, und davon sind in Städten mehr und mehr zu sehen.

Belästigung auf der Straße, bzw. Belästigung im öffentlichen Raum, weil sie ja auch in U-Bahn-Stationen, auf Festivals und in Bars stattfindet, folgt derselben Logik. Wenn ein Mann einer Frau hinterherpfeift, denkt er sicher nicht bewusst: »Der öffentliche Raum gehört den Männern und ich kann so die Aufrechterhaltung des Patriarchats sicherstellen.« Studien haben gezeigt, dass er damit vielmehr seine Kumpels zum Lachen bringen will. Laut einer Studie, die im Mittleren Osten durchgeführt wurde,[7] sind belästigende Männer in der Regel arm, erwerbs- und perspektivlos. Vielleicht sehen sie in der Belästigung auf der Straße ihre einzige Möglichkeit, um Macht auszuüben.

Ich ziehe diese Studie aus dem Mittleren Osten heran, weil ich für Frankreich keine gefunden habe. Bei Studien zum Thema Sexismus werden meist die Opfer und viel zu selten die Täter*innen betrachtet. Dieser Datenmangel sorgt für eine Leere, in der Vorurteile gedeihen. Laut jener Menschen, die (ohne Beweise wohlgemerkt) »genau Bescheid wissen«, wird diese Form der Belästigung einzig und allein von jungen Männern »mit Migrationshintergrund« begangen.

Es ist ziemlich bezeichnend, dass die französische Regierung in Anbetracht der Aktion #MeToo, die aus einer Welle von Enthüllungen über die Taten eines mächtigen Filmproduzenten entstanden ist und Tausenden Frauen die Möglichkeit gegeben hat, offen über ihre Erfahrungen zu sprechen ... mit einem Gesetzesentwurf gegen Belästigung auf der Straße reagiert hat. Ich will das Problem der Belästigung im öffentlichen Raum auf keinen Fall herunterspielen, ich fände es nur ganz schön, wenn Politiker*innen sich mehr dem zugrundeliegenden Problem widmen würden, und zwar nicht nur dann, wenn sie rassifizierte Menschen noch weiter stigmatisieren können. In ihren Augen liegt der Unterschied zwischen Flirt und Belästigung in der Person des Täters begründet: Wenn ich es tue, ist es ein Flirt, wenn »die« es tun, ist es Belästigung.

7 UN WOMEN, PROMUNDO-US (2017): *Understanding Masculinities. Results from the International Men and Gender Equality Survey (IMAGES) – Middle East and North Africa.*

In Wirklichkeit ist Belästigung auf der Straße nicht das Problem schlecht erzogener Rüpel oder kultureller Unterschiede. Ganz ehrlich: Als mir einmal ein Mann bis zu meiner Haustür gefolgt ist, konnte ich mich darüber trotz seines höflichen »Mademoiselle, Sie sind aber hübsch« nicht gerade freuen. Wenn ich schneller gehe, um Männern zu entkommen, die mir Komplimente machen und dann ebenfalls schneller gehen, glaube ich nicht, dass sie das durch mein Verhalten ausgedrückte »Nein« nicht verstanden haben. Da bin ich mir sicher, denn sie lassen auch dann nicht locker, wenn ich deutlich sage: »Nein, ich habe kein Interesse.« Mit meiner Transition habe ich gelernt, dass ich auf der Straße Angst haben muss.

Aber ist diese Angst völlig rational? Zwar werden Männer im öffentlichen Raum häufiger Opfer von körperlicher Gewalt als Frauen,[8] aber niemand würde ihnen raten, deshalb das Haus nicht mehr zu verlassen. Nur Frauen bekommen zu hören, dass sie abends nicht allein rausgehen sollen. Frauen schränken sich ein oder ergreifen Tausende Vorsichtsmaßnahmen, die Zeit, Energie und/oder Geld kosten. Wenn der Diskurs über Belästigung im öffentlichen Raum darum kreist, was weibliche Opfer dagegen tun können, und nicht etwa um die Täter, kommt dasselbe heraus wie bei einer Belästigung selbst: Frauen werden dazu ermutigt, zu Hause zu bleiben, und Männern wird die Straße überlassen.

Das trifft sich allerdings ziemlich schlecht, denn gerade in ihrem Zuhause erleben Frauen noch häufiger Gewalt. Wenn es also wirklich um Sicherheit gehen soll, dann müsste man Frauen raten, nicht mit Männern zusammenzuleben, und Männer dazu anhalten, das Haus nicht mehr zu verlassen. Die Tatsache, dass das gängige Argument genau andersherum lautet, ist darauf zurückführen, dass die Freiheit von Männern als wichtiger gilt als unsere Sicherheit, und darauf, dass unsere Unabhängigkeit als weitaus größere Gefahr für die Gesellschaft gilt als eine getötete Frau alle zwei Tage.[9]

---

8 Ein Prozent der Frauen und vier Prozent der Männer, die 2015 im Rahmen der Umfrage *Virage* von Ined befragt wurden, gaben an, innerhalb der letzten zwölf Monate körperliche Gewalt erlebt zu haben. Fünfzehn Prozent der Frauen erlebten unerwünschte, lästige Flirts, fünf Prozent erlitten Belästigung oder einen sexualisierten Angriff; bei den Männern waren es zwei Prozent.

9 Die tatsächliche Zahl der Femizide sorgt unter Feminist*innen für Diskussionen. Zum Beispiel berücksichtigt die Zahl von 152 Frauen, die laut der Organisation *Nous Toutes* im Jahr 2019 von ihrem Partner getötet wurden, nicht die Mädchen, die von ihren Vätern, oder die Sexarbeiterinnen, die von ihren Kunden getötet wurden.

Eine weitere Form der Belästigung ist sexuelle Belästigung am Arbeitsplatz. Aber ist das wirklich ein separates Phänomen? Während nach und nach ans Licht kam, dass der Produzent Harvey Weinstein die Karrieren zahlreicher Schauspielerinnen aufbaute oder zerstörte – je nachdem, ob sie seinen sexuellen Übergriffen widerstanden oder nicht –, wurde viel über die besonderen Umstände in der Filmbranche gesprochen, mit all ihren glamourösen Schauspielerinnen und den allmächtigen Männern ... Danach gab es auch in allen anderen Bereichen Enthüllungen: #MeToo in der Verlagswelt. In der Politik. Beim Eiskunstlauf. Im Journalismus, in der Werbung. Müssen wir erst auf #MeToo in der Branche des Federmäppchenhandwerks, der orthognatischen Chirurgie oder der Stuhlbespannung warten, um endlich zu kapieren, dass dieses Problem nicht auf einzelne Branchen und Berufsfelder beschränkt ist? Laut Expert*innen zum Thema sexuelle Belästigung findet diese vor allem da statt, wo es bedeutende Machtgefälle gibt. Und in welchem Berufsfeld gibt es die nicht? Wenn wir es also auf den kleinsten gemeinsamen Nenner herunterbrechen, lässt sich eindeutig feststellen: Im Internet, auf der Straße und am Arbeitsplatz sind Täter männlich.

Zudem handelt es sich nicht um harmlose, unbeholfene, fehlinterpretierte Flirts, außer natürlich, wir gehen davon aus, dass Männer allesamt Vollpfosten sind und nicht verstehen können, was Frauen sagen. Nein, in Wahrheit begreifen Männer sogar sehr subtile Zeichen der Zurückweisung ganz gut – wenn sie von anderen Männern kommen. Sie selbst sagen sich vielleicht, dass sie nur flirten wollen, aber das genehmigen sie sich auch nur, weil sie eine Machtposition innehaben. Warum dann nicht einen Nutzen daraus ziehen? Sie haben ja schon gelernt, dass die Straße, das Büro, die Parlamente und die Ministerien ihnen gehören. Dementsprechend fordern sie einfach nur ein, dass ihr naturgegebenes Recht auf Herrschaft respektiert wird.

Fundamentale Ungleichheit

Kommen wir noch einmal auf die Vorstellung von Verführung als Geschäft zurück. Das erste Problem dabei: In einer heterosexuellen Beziehung wird niemals von Gleich zu Gleich verhandelt. Mit der Erfindung des Begriffs »Flirt« soll darauf hingewiesen werden, dass man Frauen im Rahmen einer Verführung (ein bisschen) weniger als Objekte und (ein bisschen) mehr als

Subjekte ansieht. Heute kann man nicht mehr einfach eine Frau entführen oder ihren Vater um sein Einverständnis bitten – nein, heute muss auch sie einer Beziehung zustimmen.

Wir alle wachsen mit einer gewissen Vorstellung von idealer heterosexueller Verführung auf. Dieses Szenario kennen wir aus Film und Fernsehen, aus Büchern und Magazinen oder manchmal von unseren großen Brüdern, Vätern und YouTubern. Einige haben auch ein Praktikum im Bereich Verführung gemacht. Manchmal lernen wir es auch von einer Frau.

All diese Leute erzählen uns, dass es Aufgabe der Männer sei, Frauen zu verführen. Flirtet ein Mann mit einer Frau, solle sie sich erst einmal zieren, denn auf Gegenseitigkeit sollte das Interesse am Anfang nicht beruhen. Frauen müssten sich widersetzen. Zuerst einmal Nein sagen. Denn sie seien reine, keusche Wesen, wohingegen Männer kühne Helden seien, die sich den Zugang zu Jungfernhäutchen und Einvernehmen erkämpfen wollen. Für die heterosexuelle Verführung gibt es verschiedene Metaphern: die Jagd (Jäger und Beute), den Krieg (Soldat und Eroberung) ... Und ihnen allen liegt zugrunde, dass Männer aktiv und Frauen passiv seien. Das ist der Beginn einer Balz, an deren Ende eine Hochzeit, Babys und eine tolle Geschichte für die Enkelkinder stehen: »Wisst ihr, zuerst hat sie Nein gesagt, aber wie Romeo, Don Juan oder Han Solo habe ich einfach nicht lockergelassen und war ihr so lästig, dass sie schließlich eingewilligt hat.«

»Oh, aber Opa, das ist doch Belästigung!«, werden eure Enkelkinder in der dekonstruierten Gesellschaft der Zukunft antworten.

Besonders viel Erfahrung mit heterosexueller Verführung habe ich persönlich nicht. Die ersten Jahre meines Lebens verbrachte ich als sehr schüchterner Mann und erst nach langem Zögern habe ich bei einer Frau den ersten Schritt gewagt. Als ich mir schließlich ein Profil auf einer Dating-Plattform anlegte, hätte ich es schön gefunden, wenn Frauen die Initiative ergriffen hätten, aber das passierte nicht. Und so habe ich eher schlecht als recht gelernt, die erste Nachricht zu schicken, dann auch eine zweite – und somit zu der Flutwelle an Spam beizutragen, die Frauen täglich auf solchen Seiten bekommen. Ein Treffen vorzuschlagen. Den ersten Sex zu initiieren. Ich fühlte mich in dieser Rolle sehr unwohl, weil sie mir wie die Karikatur von Männlichkeit vorkam, aber ich musste mich eben entscheiden. Entweder das oder Einsamkeit.

Als andere Menschen mich allmählich als Frau wahrnahmen, glaubte ich, in lesbischen Beziehungen frei von diesen Zwängen zu sein. Aber das war gar nicht so leicht. Es funktioniert nicht, wenn zwei Frauen erwarten, dass die andere den ersten Schritt macht. Die meisten bisexuellen oder lesbischen Frauen, die heterosexuelle Verführung praktizieren oder praktiziert haben, werden dir erklären, dass es in einem solchen Fall meist einfacher ist, weil sie sich an den regulären Ablauf halten, bei dem jede*r weiß, was von ihm*ihr erwartet wird. Unter Frauen hingegen ist das anders. Wir müssen uns Szenarien ausdenken, die nicht jenen gleichen, die uns ein Leben lang eingetrichtert wurden und Heterosexualität als selbstverständlich voraussetzen. Zum Glück!

Uns wurde beigebracht, Frauen würden auf die Vorstöße von Verführern immer erst einmal mit einem koketten Nein antworten, aber eigentlich ganz bestimmt Ja denken. Verführung sei ein Spiel mit komplexen Regeln und man dürfe die Karten nicht sofort auf den Tisch legen. »Ich habe unter dem Tisch ihren Fuß angestupst«, »Sie hat mich angeschaut und mit ihren Haaren gespielt«, »Ich habe Muscheln bestellt«. Es gibt Tausende solcher Strategien, die zu Missverständnissen führen können – aber das ist keine unbeabsichtigte Nebenwirkung, sondern das Ziel.

Ein Verführungsversuch ist immer mit dem Risiko einer Zurückweisung verbunden. Sich bedeckt zu halten und zweideutig vorzugehen ist eine Möglichkeit, in diesem Fall das Gesicht zu wahren. Man kann dann immer noch behaupten, es handle sich um ein Missverständnis. Umgekehrt berufen sich die der Belästigung oder Vergewaltigung Beschuldigten oft – sehr unbeholfen – darauf, dass das Ganze ein Irrtum sei. »Sie hatte einen Minirock an, hat eine Zigarette von mir angenommen und mich angelächelt, klar hat sie damit eindeutig Ja gesagt.« Offenbar räumen viele Männer den Frauen das Recht auf Zustimmung ein, nicht aber das Recht auf Ablehnung.

Für den Ablauf einer Verführung aus männlicher und weiblicher Sicht gibt es klare, traditionelle Vorstellungen. Schauen wir uns mal einen »Männerfilm« an, einen Actionfilm mit Clint Eastwood, Arnold Schwarzenegger oder Jason Statham. Wie gelingt es unserem Helden, die Frau für das absolute Happy End um den Finger zu wickeln? Er besiegt die Bösen, stellt dabei seine Kraft unter Beweis, und sie fällt ihm in die Arme (oder vielmehr umarmt er sie, denn Einvernehmen ist etwas, das man einer Frau zeitgleich mit dem BH vom Leib reißen kann[10]). In romantischen Komö-

10 An meine männlichen Leser: Reißt uns den BH nicht vom Leib. Ihr habt ja keine Ahnung, wie teuer diese Dinger sind.

dien, die meist für ein weibliches Publikum bestimmt sind, muss bei einer Verführung immer der Mann die aktive Rolle spielen. Sogar in »Frauenfilmen« wird eine Bridget Jones für ihre armseligen Verführungsversuche lächerlich gemacht. Doch in diesen Filmen müssen Männer etwas anders vorgehen und sich heldenhaft verletzlich zeigen. Zum Beispiel durch eine große, öffentliche Liebeserklärung, die in vielen Fällen auch noch einige Entschuldigungen enthält. Er muss seinen Stolz überwinden und bereit sein, sich vor ihr zu demütigen. So etwas würde Jason Statham niemals tun.

Dies wird allerdings mehr und mehr von bestimmten Männern praktiziert. Spektakuläre öffentliche Liebeserklärungen und Heiratsanträge werden wie große Heldentaten in Szene gesetzt und gefilmt, immer in der Hoffnung, damit Millionen von Klicks auf YouTube zu generieren. Googelt mal *wedding proposal*, dann seht ihr lauter Bilder von Konfettikanonen, Open-Air-Musicals und anderen Performances; jeder will jeden – auf geradezu typisch männliche Art – an Glanz und Gloria überbieten. Wenn man sich schon öffentlich zum Depp macht, dann kann man doch gleich alles geben und alle Grenzen einreißen. Und wenn die Frau einmal die Frechheit besitzt, Nein zu sagen, lässt die Lawine an frauenfeindlichen Kommentaren nicht lang auf sich warten. Wie kann sie es schließlich wagen, einfach so nicht nachzugeben! Ist das nicht auch ein weiteres Druckmittel, um der Frau ein Ja zu entlocken?

Innerhalb eines Machtgefälles kann die Verführung niemals ein Geschäft zwischen zwei Gleichen sein. Und solange das der Fall ist, wird die Grenze zwischen Verführung und Belästigung vage bleiben. Diese beiden Dinge existieren auf einem Kontinuum, dessen – erklärtes oder verschwiegenes – Ziel ist, Frauen zu unterdrücken, sie »auf ihren Platz« zu verweisen und dort festzuhalten. Männer wollen sich selbst ihre Männlichkeit beweisen, indem sie mit Frauen flirten, und sie nehmen es den Frauen übel, dass sie sie zurückweisen können.

Soll das nun etwa heißen, dass ich Heteromännern jeden Verführungsversuch verbieten will? Auf der Straße und auf der Arbeit: ja, keine Diskussion. Ansonsten wäre es mir persönlich ganz recht, wenn sie mich in Ruhe lassen könnten ... In jedem Fall kann ich das nicht beeinflussen und ich will ja auch nicht Moralapostel spielen. Ich könnte euch jetzt einfach sagen, dass ihr euch nicht zu viele Gedanken machen und die Dinge einfach geschehen lassen solltet ... Aber das hier ist kein esoterisches Buch und es ist nicht meine Aufgabe, eurer Seele mit der Selbstsicherheit eines New-Age-Gurus die Richtung zu weisen. Da könnt ihr noch so sehr suchen – die einzige Ausbruchsmöglichkeit aus der Heterosexualität wäre, nicht mehr heterosexuell zu sein. Wenn das für euch nicht infrage kommt, müsst ihr eben damit klarkommen und euch der Situation stellen. Wir alle sind in ein komplexes Netz aus Machtstrukturen verwickelt und Geschlecht ist eine davon. Es ist eure Entscheidung, ob ihr diese Macht ausnutzen, sie erdulden, ihre Konsequenzen minimieren oder ihr entgehen wollt. Aber wenn ihr einfach den Kopf in den Sand steckt, ändert ihr damit überhaupt nichts.

Zur Vertiefung:

Mathieu, Thomas (2014): *Les Crocodiles. Témoignages sur le harcèlement et le sexisme ordinaire.* Paris: Le Lombard. / Mathieu, Thomas/Boutant, Juliette (2019): *Les crocodiles sont toujours là.* Brüssel: Casterman.
Der erste Band dieser Comics verbildlicht die Aussagen von Frauen, die im öffentlichen Raum belästigt wurden, der zweite Band die Aussagen von Frauen, die woanders belästigt wurden (auf der Arbeit, beim Gynäkologen, bei der Polizei ...). Mit den beiden Bänden lässt sich das Ausmaß des Problems begreifen, das sich weit über gewisse Wohnviertel oder Uhrzeiten hinaus erstreckt: Die titelgebenden Krokodile lauern immer und überall auf Frauen.

Tuaillon, Victoire: Les Couilles sur la table (Podcast; ich empfehle vor allem Folge 7: »Qui sont les harceleurs au travail?«)
In dieser Folge von Victoire Tuaillons prächtigem Podcast, von dem ich noch viele andere Folgen hätte nennen können, erteilt sie Maryline Baldeck das Wort, einer Aktivistin der *Association contre les violences faites aux femmes au travail* (AVFT, etwa: Vereinigung gegen die Gewalt an Frauen am Arbeitsplatz). Sie erörtert ausführlich, was sie in den fünfzehn Jahren lernen konnte, in denen sie zahlreiche Gerichtsprozesse verfolgt hat. Dabei erfahren wir vor allem, dass Belästigung zwar überall ist, durch bestimmte Arten der Arbeitsplatzgestaltung aber auch noch verstärkt wird, wenn zum Beispiel der Beruf oder die Aufgaben nach Geschlechtern getrennt sind.

Zeilinger, Irène (2008): ***Non, c'est non. Petit manuel d'autodéfense à l'usage de toutes les femmes qui en ont marre de se faire emmerder sans rien dire.*** **Paris: Zones.**
Feministische Selbstverteidigung geht weit darüber hinaus, Frauen beizubringen, wie sie jemandem richtig vors Schienbein treten können. Es geht dabei eher um eine Gesamtheit psychischer, verbaler und (nur im äußersten Notfall) körperlicher Strategien, mit denen sie sich schützen und in Anbetracht verschiedener Formen geschlechtsspezifischer Gewalt stark fühlen können. Abgesehen von diesem Buch empfehle ich all meinen Leserinnen, sich eine feministische Selbstverteidigungsgruppe in ihrer Nähe zu suchen.

Ergänzende Empfehlungen zur deutschen Übersetzung

Emma (2022): ***Ein anderer Blick 2. Feministischer Comic gegen Mythen und falsche Glaubenssätze.*** **Aus dem Französischen von Lena Völkening. Münster: Unrast Verlag.**
In diesem Comic illustriert die Zeichnerin und Autorin Emma in neun kurzen Kapiteln zugänglich und witzig verschiedene gesellschaftliche Problemlagen aus einer persönlichen und feministischen Perspektive. In dem Kapitel »Die wollen nur nett sein« geht sie auch auf den ambivalenten Sexismus und seine Auswirkungen ein. Eine rundum empfehlenswerte Lektüre für alle, die ihre alltäglichen Herausforderungen auf den Punkt gebracht sehen wollen.

Torenz, Rona (2019): ***Ja heißt Ja? Feministische Debatten um einvernehmlichen Sex.*** **Stuttgart: Schmetterling Verlag.**
Die feministische Forderung nach »Ja heißt Ja« will berücksichtigen, dass nur, weil kein »Nein« formuliert wurde, Sex noch nicht als einvernehmlich zu betrachten ist. Rona Torenz jedoch fragt nach den stillschweigenden Voraussetzungen dieser feministischen Debatten um sexuelle Zustimmung und problematisiert, dass im Zuge der Verinnerlichung sexueller Machtverhältnisse im Kontext der allgemeinen (Neo-)Liberalisierung »Ja heißt Ja« gesellschaftliche Machtverhältnisse, speziell heteronormative Geschlechterverhältnisse, unterschätze.

12. Männer sind aktiv, Frauen sind passiv

Ist euch schon mal aufgefallen, dass Frauen gar nichts machen? Okay, sie tun dies und jenes, aber sie vollbringen nicht besonders viel. Reaktionäre jeder Art sind sich da einig: Frauen sind passiv, Männer aktiv. Ohne Männer wären unsere Geschichtsbücher ziemlich leer: keine Pyramiden, keine Revolutionen, keine Weltkriege. Frauen legen sich nur hin und machen die Beine breit, damit Männer sie sich »nehmen«. Ganz eindeutig leisten Männer die ganze Arbeit.

Eine Arbeitsteilung nach Geschlechtern gibt es in allen von Anthropolog*innen untersuchten Gesellschaften, sogar in den einfachsten. Es ist die grundlegendste aller Hierarchien. Bevor unsere Zivilisation ein unfassbar komplexes Wirtschaftssystem mit Straßenfeger*innen, Aktionär*innen, Hebammen und Realitystars erfunden hat, begann es damit, dass Frauen und Männern jeweils bestimmte Aufgaben zugewiesen wurden. Wenn das Patriarchat einen Ursprung hat, dann darin.

Simone de Beauvoir beschreibt in *Das andere Geschlecht*, dass Frauen repetitive Aufgaben zugewiesen wurden.[1] So viel Staub man auch wischt, er kommt immer wieder. Männer hingegen haben bei ihrer Arbeit häufiger die Gelegenheit, etwas Nachhaltiges zu errichten. Wahrscheinlich ist es ihnen deswegen so wichtig, sich als das aktive Geschlecht zu definieren. Und das ist paradox, denn in Wirklichkeit arbeiten Männer weniger als Frauen.

Wie wichtig es ist, jede Arbeitszeit zu messen

Laut Insee[2] widmen sich Frauen zwei Stunden und fünfundvierzig Minuten pro Tag ihrer Freizeit, Männer hingegen drei Stunden und zwanzig Minuten. Frauen erledigen 71 Prozent der Haushaltsaufgaben und 65 Prozent der elterlichen Verpflichtungen. Und nur sehr langsam gibt es Fortschritte:

---

1 de Beauvoir, Simone (2000): *Das andere Geschlecht. Sitte und Sexus der Frau.* Aus dem Französischen von Uli Aumüller und Grete Osterwald. Hamburg: Rowohlt.

2 Insee-Umfrage: *Emploi du temps 2009–2010.*

Innerhalb von elf Jahren ist die Zeit, die Frauen täglich für den Haushalt aufwenden, um zweiundzwanzig Minuten gesunken, von drei Stunden und achtundvierzig Minuten (1999) auf drei Stunden und sechsundzwanzig Minuten (2010). Im selben Zeitraum ist die Zeit, in der Männer sich dem Haushalt widmen, im Schnitt um eine Minute pro Tag gestiegen. Und diese winzige Bewegung in Richtung einer gleichen Aufteilung haben Frauen weniger den Männern als ihren Geschirrspülern – oder ihren Putzfrauen – zu verdanken. Rechnet man die bezahlte Arbeitszeit zu der unbezahlten Arbeit im Haushalt, arbeiten europäische Frauen jeden Tag im Schnitt zweiundvierzig Minuten länger als Männer, und solche Unterschiede zu Lasten der Frauen finden sich in allen Regionen der Welt.[3]

In all diesen Zahlen wird ein Faktor überhaupt nicht berücksichtigt: die *Mental Load* (psychische Belastung), ein Begriff, der dank Emma, der Zeichnerin des Online-Comics *Fallait demander!*[4] (etwa: Du hättest nur fragen müssen!), zu größerer Bekanntheit gelangte. Die Idee hinter dem Begriff: In Heterobeziehungen fungiert normalerweise die Frau als »Projektleiterin«. Der Mann sagt zwar immer, er wolle »gerne helfen«, aber sie muss die Initiative ergreifen, immer den Überblick über alles behalten und die Aufgaben verteilen. Er verspricht, dass er den Kleinen später zum Kinderarzt bringt, aber das klappt nur, wenn sie vorher daran gedacht hat, einen Termin zu vereinbaren, den Mann morgens noch mal an sein Versprechen erinnert und ihm außerdem den Impfpass (von dem natürlich nur sie weiß, wo er aufbewahrt ist) und den Impfstoff mitgibt, den sie aus der Apotheke geholt und in den Kühlschrank gestellt hat. Dann braucht der Mann auch noch ihre Gesundheitskarte, denn selbstverständlich ist der Kleine über die Mutter versichert. Abgerundet wird das Ganze damit, dass Männer sich über ihre Partnerinnen beschweren, weil sie sich das Leben viel zu schwer machen und sie ständig herumkommandieren. Kleiner Tipp, Jungs: Wenn ihr nicht wollt, dass eure Freundin euch ständig sagt, was ihr tun sollt, tut es doch einfach mal aus eigenem Antrieb. Dann muss sie euch auch nicht darum bitten.

3 Die Daten stammen aus der Metastudie »The state of the world's fathers: time for action 2017« des Programms *Men Care*.

4 Anm. d. Übers.: Der entsprechende Comic erschien auf Deutsch in: Emma (2020): *Ein anderer Blick. Feministischer Comic gegen die Zumutungen des Alltags.* Aus dem Französischen von Julia Schäfermeyer. Münster: Unrast Verlag.

Allerdings neigt man inzwischen manchmal dazu, die Arbeit von Frauen unsichtbar zu machen oder kleinzureden, indem ihre Arbeit seit dem Erfolg von Emmas Comic auf die Mental Load reduziert wird. Doch die Arbeitsbelastung geht über die psychische Belastung hinaus. In ihrem Buch *Libérées!* (Befreit) widmet sich die Journalistin Titiou Lecoq der Arbeit im Haushalt und nennt eine Zahl: Frauen empfinden die Ungleichheit in der Verteilung der Haushaltsarbeit ab einer Schwelle von 73 Prozent als »unerträglich«.[5] Das heißt, wenn ein Mann 28 Prozent der Aufgaben übernimmt, ist das noch im Bereich des »Erträglichen«. Wir verlangen also echt nicht viel.

5 Lecoq, Titiou (2017): *Libérées! Le combat féministe se gagne devant le panier de linge sale.* Paris: Fayard.

Den Frauen die Mental Load der Haushaltsführung zu überlassen ist nur eine der vielen Strategien, mit denen Männer ihre Verantwortung umgehen, weil sie stattdessen lieber PlayStation spielen. Es gibt auch noch ein paar andere:

- die **Strategie des schlechten Schülers**: Der Mann tut so, als wäre er nicht dazu in der Lage, Wäsche zu sortieren oder die Waschmaschine zu bedienen (auch wenn er Ingenieur ist) oder mit einem Wischtuch umzugehen, sodass seine Partnerin irgendwann genervt ist und es gleich selbst erledigt.

- die **Schneckenstrategie**: Der Mann erledigt alles so langsam, dass seine Partnerin in derselben Zeit doppelt so viel schafft.
- die **Streitstrategie**: Wenn der Mann jedes Mal einen Streit vom Zaun bricht, wenn er etwas machen soll, wird seine Partnerin ihn nicht so bald wieder um irgendetwas bitten.
- die **Blindheitsstrategie**: Der Mann muss nur behaupten, er habe »nicht gesehen«, dass es schmutzig oder unaufgeräumt war, früher oder später wird sich seine Partnerin schon darum kümmern.

Vermutlich gibt es noch mehr Strategien. Wenn ein Mann sich nicht um den Haushalt kümmern will, kennt seine Vorstellungskraft keine Grenzen. Allerdings kommt es auch manchmal vor, dass Männer genauso viel arbeiten wie Frauen. Dadurch gilt die Arbeit plötzlich als viel respektabler. Wer wie ich alle Staffeln der Kochsendung *Top Chef* gesehen hat, hat sicher ebenfalls mitbekommen, dass dort zwischen »Frauengerichten« und »gehobener Küche« unterschieden wird. Anderes Beispiel: Viele Frauen nähen, aber Männer sind »Modeschöpfer«.

Nebenbei bemerkt überschneidet sich diese Hierarchie männlicher und weiblicher Aufgaben zudem mit den Aspekten *Race* und Klasse. Welche Männer fegen in Frankreich die Straßen und leeren die Mülltonnen? Arme, meist rassifizierte Männer. Diese Männer sind dann auch oft die Hilfsköche in großen Restaurants. Wenn sie in afrikanischen oder asiatischen Restaurants Chefköche sind, wird ihr Angebot in Frankreich eher selten als »Sterneküche« angesehen und entsprechend niedrige Preise können sie dafür verlangen.

Die Soziologin Christine Delphy hat gezeigt, dass der Unterschied zwischen weiblicher und männlicher Arbeit in Wirklichkeit nicht in der Natur der Arbeit, in ihrer Immanenz liegt (sorry, Simone), sondern in den Produktionsverhältnissen. Hausarbeit ist in erster Linie eine Arbeit ohne Lohn, die Frauen zum Vorteil der Männer erledigen. Die Teilung der Aufgaben in unentgeltliche Hausarbeit einerseits und Lohnarbeit andererseits weist auf ein patriarchales System hin, das außerhalb des Kapitalismus besteht, größer als er und unabhängig von ihm ist, auch wenn der Kapitalismus davon profitiert. Es steht außer Frage, dass Frauen oft gewinnen, wenn sie (ein bisschen) aus dem patriarchalen System ausbrechen und einer Lohnarbeit im kapitalistischen System nachgehen – auch wenn dieses auch nicht gerade besonders freigiebig ist, vor allem nicht gegenüber Frauen.

Änderungen kommen nicht von jetzt auf gleich

Diese Sicht auf die Dinge entstammt einer materialistischen, vom Marxismus inspirierten Analyse und könnte etwas überholt wirken. Immerhin sind die Zeiten schon lange vorbei, in denen Hausfrauen die Norm waren.[6] Aber wer sitzt im kapitalistischen System am längsten Hebel? Männer. Und es liegt nicht in deren Interesse, dass Frauen sich völlig von der ihnen auferlegten Last der unentgeltlichen Arbeit emanzipieren. Heutzutage können Frauen, zumindest auf dem Papier, jeden Beruf ausüben und sind Männern rechtlich gleichgestellt. Allerdings werden sie schlechter bezahlt: Im Schnitt verdienen sie 37 Prozent weniger als Männer. Das liegt zum einen daran, dass sie für die gleiche Arbeit weniger verdienen, zum anderen daran, dass sie eher schlechter bezahlte Berufe ergreifen und häufiger in Teilzeit arbeiten, aufgrund des schlechten Angebots und ihrer Pflichten im Haushalt. Und außerdem will ich noch einmal fragen: Wer entscheidet denn, dass typisch weibliche Berufe so schlecht entlohnt werden? Nicht die Frauen. Das hat man im Jahr 2020 während der Corona-Lockdowns gesehen: Die allermeisten »systemrelevanten Arbeiter« waren eigentlich Arbeiterinnen in Krankenhäusern, Alten- und Pflegeheimen und Supermärkten. Ohne sie und ihre tägliche Risikobereitschaft wäre die französische Wirtschaft zusammengebrochen. Und doch verdienen diese so systemrelevanten Arbeiterinnen meist nur den Mindestlohn. Oder weniger.

Als ich noch in der Kommunikationsbranche gearbeitet habe, wo die Gehälter recht gut waren, habe ich drei Frauen kennengelernt, die ihren Job gekündigt haben, um Kinder zu bekommen. Die heftigsten aller negativen Reaktionen auf diese Entscheidungen kamen von bestimmten Kolleginnen: Diese drei Frauen schienen ihnen wie schwache Feiglinge, die sich lieber in ein veraltetes Modell des Heimchens am Herd zurückzogen, statt wie sie in der harten Arbeitswelt Karriere zu machen. Die männlichen Kollegen reagierten hingegen wohlwollender. Aber vielleicht nur, weil sie darin eine Rückkehr zur natürlichen Ordnung der Dinge sahen?

Bei genauerer Betrachtung ist diese Entscheidung aber nachvollziehbar. Fassen wir noch mal zusammen: eine feindselige Arbeitswelt, in der Frauen schlechter bezahlt werden und weniger Aussichten auf Beförderung ha-

6 Tatsächlich ist das ein Mythos: Die »Hausfrau« war nie eine Norm außer für eine aristokratisch-bourgeoise Elite, die versucht hat, dieses Modell auch den niedrigeren Klassen als wünschenswert aufzuerlegen, auch wenn diese nie die Mittel dazu hatten.

ben; eine zusätzliche Belastung durch unentgeltliche Hausarbeit, die man sowieso erledigen muss, auch mit einem 50-Stunden-Job; die französische Steuerpolitik, die durch Zusammenveranlagung und andere Begünstigungen für Familien[7] dafür sorgt, dass Männer, die mit einer Hausfrau verheiratet sind oder mit ihr in eingetragener Partnerschaft leben, Vorteile haben, während diese Frauen hingegen Probleme bekommen, wenn sie sich trennen wollen. Christine Delphy zufolge drängt das kapitalistische System Frauen auf diese Weise in Hetero-Ehen und raus aus der Kategorie der in der Wirtschaft so genannten »Berufstätigen«. Als würden Hausfrauen nur Däumchen drehen.

Wenn Frauen in die Hausarbeit »zurückkehren«, werden sie selbstverständlich nicht »berufsuntätig«, sondern wenden sich wieder der unentgeltlichen Arbeit (der sie ja tatsächlich nie vollständig entkommen sind) und dem Ehebett zu. Und wenn es einen Ort gibt, an dem sich Männer für aktiver halten als Frauen, dann im Bett. Nur Vollpfosten würden laut und offen sagen, dass Frauen im Bett einfach nur stillzuhalten und die Beine breitzumachen haben, während man sie als »Sexpuppe« benutzt; doch viele andere Männer würden es vielleicht nicht ganz so drastisch formulieren, teilen diese Meinung aber grundsätzlich: Sie leisten den größten Teil der Arbeit.

Wer genau nimmt eigentlich wen?

Das Verständnis von Sex beschränkt sich meistens auf die vaginale Penetration durch einen Penis, alles andere gehört zu der etwas vagen und unterlegenen Kategorie des »Vorspiels«. Diese Vorstellung spiegelt bereits ein recht tristes Sexualleben wider, aber selbst die Annahme, dass Sex immer eine »aktive« und eine »passive« Seite beinhaltet, beruht durch und durch auf Ideologie. Nehme ich zum Beispiel eine Aubergine in die Hand, behaupte ich nicht, dass sie mich nimmt, und ich definiere mich auch nicht als passiv. Warum sollte das bei einem Penis in einer Vagina anders sein? Jungs, wenn ihr den Eindruck habt, dass eure Freundin bei der Penetration passiv ist, dann langweilt sie sich wahrscheinlich. Und tatsächlich herrscht

7 Anm. d. Übers.: In Frankreich gibt es neben dem *quotient conjugal* (steuerliche Zusammenveranlagung von Paaren) auch noch den *quotient familial* (Familienquotient): Ein Paar erhält nach einem festgelegten Schema mit jedem weiteren Kind gewisse Steuerbegünstigungen.

beim Erreichen eines Orgasmus eine enorme Ungleichheit: Heteromänner kommen in 95 von 100 Fällen. Heterofrauen haben nur in 65 Prozent der Fälle einen Orgasmus, Lesben hingegen in 86 Prozent der Fälle.[8]

In meiner längst vergangenen Jugend, als ich noch sexuell naiv und unerfahren war, hatte ich eine regelrechte Offenbarung bei einem Gespräch mit einer Freundin, in dem es um ihren Ex ging, einen frauenfeindlichen Blogger.

Sie: »Eine Dreiviertelstunde lang hat er mich in alle möglichen Positionen gebracht, und am Ende wollte ich einfach nur noch, dass er endlich fertig wird, aber er wollte sich irgendwas beweisen.«

Ich (sagte): »Haha, was für ein nerviger Typ.«

Ich (dachte): »Was?! Er hat eine Dreiviertelstunde lang durchgehalten! Ich dachte immer, genau so muss das laufen!«

In einem ebenso witzigen wie niederschmetternden Video des Online-Magazins *Babe* fragt eine Journalistin Männer auf der Straße, ob ihre Partnerinnen beim letzten Sex einen Orgasmus hatten. Entweder wussten die Männer es nicht, gingen einfach mal davon aus oder verstanden die Frage nicht.[9] Sexualität schien den Befragten nicht so sehr tabuisiert zu sein, als dass sie darüber nicht öffentlich reden würden, mit ihren Freundinnen hingegen hatten sie offenbar noch nie über deren Orgasmen gesprochen. Was lässt sich daraus folgern – außer, dass es den Männern egal ist? Ich habe aufgehört zu zählen, wie viele Frauen mir schon anvertraut haben, dass sie sich von Männern benutzt fühlten, die nur in ihnen zu masturbieren schienen.

Damit sich ein Mann aus der Affäre ziehen kann, reicht es aber nicht, wenn ihm die Wichtigkeit des weiblichen Orgasmus bewusst wird. Denn dann macht er aus dem Ganzen noch eine zusätzliche Performance, einen weiteren Preis, den man erlangen kann, um seine Männlichkeit unter Beweis zu stellen und vor seinen Kumpels zu prahlen. So wird in unserer ach so »sexuell befreiten« Gesellschaft das Recht auf einen Orgasmus für Frauen schnell zum Zwang. Wenn du nicht kommst, wenn du nicht jeden Abend Lust hast, wenn du nicht genügend Techniken und akrobatische

---

8 Frederick, David A./St John, Kate H./Garcia, Justin R./Lloyd, Elisabeth A. (2018): »Differences in orgasm frequency among gay, lesbian, bisexual, and heterosexual men and women in a U.S. national sample«. In: *Archives of Sexual Behavior*, *47*(1). 273–288.

9 »Babe.net asked guys if they made girls cum the last time they had sex ...«, https://www.youtube.com/watch?v=JFwG4yXLBAs

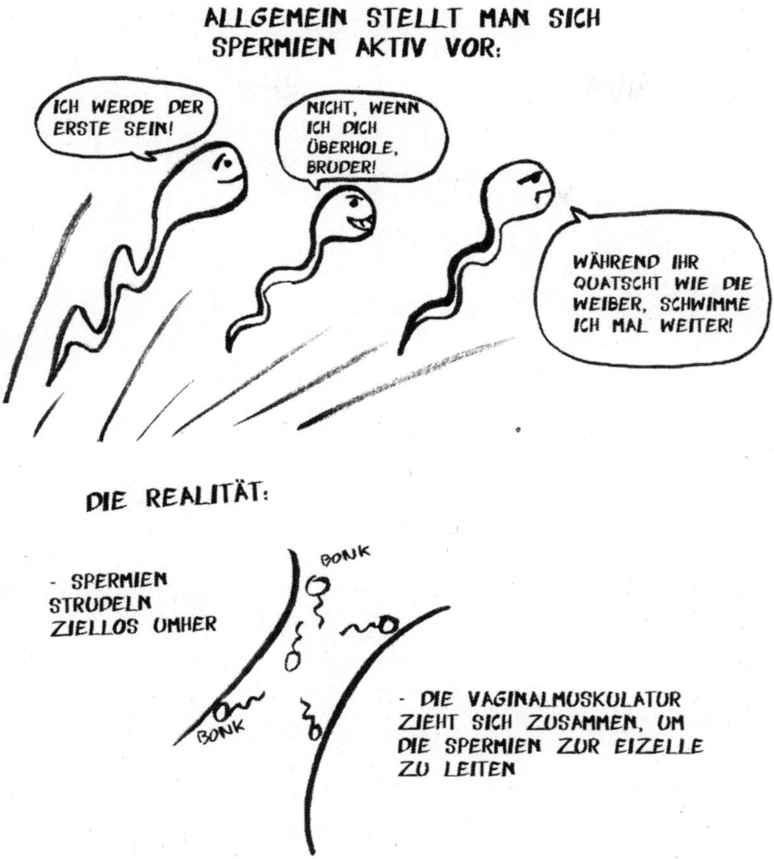

Positionen kennst, dann kriegst du zu hören, dass in deiner Partnerschaft irgendwas falsch läuft. Dieser Druck, der auf uns Frauen ausgeübt wird und den wir verinnerlichen, lässt beispielsweise außer Acht, dass Frauen manchmal einfach müde sind. Schließlich haben jene Männer, die sich darüber beschweren, dass ihre Partnerin weniger Lust hat als sie selbst, nur selten denselben doppelten Arbeitstag aus Lohn- und Hausarbeit.

Auch bei Männern kann dieser Druck zu einem Rückgang der Lust oder zu »Ausfällen« führen und zudem zu einer tiefen Scham, weil man ihnen ihr ganzes Leben lang vorbetet, sie seien hypersexuelle Wesen, für die es gesund und natürlich sei, immer und überall mit Frauen schlafen zu wol-

len. Hinzu kommt manchmal ein »Leistungskult«, für den es sehr genaue Kriterien gibt: »Wenn deine Freundin nicht jedes Mal kommt, bist du kein richtiger Mann.« »Eigentlich musst du sie gleich mehrmals zum Orgasmus bringen.« »Wie, sie ejakuliert nicht? Dann machst du irgendwas falsch.«

Einmal informierte ich mich online über eine Betäubungscreme, die es nur auf Rezept gibt. Dabei stieß ich auf Foren, in denen Männer Tipps darüber austauschten, wie sich diese Creme illegal beschaffen lässt. Sie schmieren sie auf ihre Penisse, um nicht zu früh zu kommen. Das birgt zwar das Risiko einer Penisnekrose (guten Appetit), das Ziel ist aber, dass der Penis vollkommen gefühllos wird. Wenn man nichts spürt, hält man beim Sex länger durch. Anscheinend zählt also die Leistung mehr als die Befriedigung. Dieselbe Logik liegt einer Menge Tipps zum »Durchhalten« zugrunde: an etwas anderes denken, zwei Kondome übereinander benutzen[10] ... Diese Praktiken zeigen erneut, dass Männer beim Heterosex oft vor allem ihre Kraft unter Beweis stellen und sichergehen wollen, dass sie aktiv sind.

Heterosex ist eine Arbeit wie jede andere

Eine Frau, die beim Sex als zu »aktiv« gilt, beleidigt man gemeinhin als »Hure«. Mit diesem Wort werden Sexarbeiterinnen herabgewürdigt, es wird aber auch in vielen anderen Kontexten genutzt, zum Beispiel wenn eine Frau aktiv nach Sex sucht oder sich die Freiheit herausnimmt, ihn abzulehnen. Insofern entlarvt diese Beleidigung die Natur der verschiedenen ökonomisch-sexuellen Handelsverhältnisse zwischen Männern und Frauen. Das jedenfalls lehrt uns ein Buch der Anthropologin Paola Tabet.[11]

Seit Claude Lévi-Strauss wissen wir, dass Frauentausch einer der grundlegenden Aspekte der meisten menschlichen Gesellschaften ist. Aufgrund des Inzesttabus müssen Männer mit Mitgliedern von Gemeinschaften jenseits der eigenen Gruppe – dem Stamm, der Familie oder anderen Einheiten, die als »blutsverwandt« begriffen werden – Frauen austauschen. Paola Tabet untersucht den ökonomisch-sexuellen Handel in vielzähligen Gesellschaften genauer, von Jäger-und-Sammler-Kulturen bis zu modernen westlichen Gesellschaften. Dabei konnte sie ein mehr oder weniger stillschweigend praktiziertes Prinzip feststellen: die Kommodifizierung der weiblichen Sexualität. Hält man Frauen in einer subalternen wirtschaftlichen Stellung, macht man ihre Sexualität zur Tauschware. Dieser Tausch kann einen explizit festgelegten Preis haben oder implizit über Naturalien vonstattengehen. Bei ihrer Analyse dieses Tauschhandels zeigt Tabet, dass die Unterscheidung

10 Vorsicht! Das wird manchmal auch empfohlen, damit man im Falle eines gerissenen Kondoms besser geschützt ist, aber durch die zusätzliche Reibung steigt die Gefahr, dass das Kondom beim Sex reißt. Macht das also nicht!

11 Tabet, Paola (2004): *La Grande Arnaque. Sexualité des femmes et échange économico-sexuel.* Paris: L'Harmattan, »Bibliothèque du féminisme«.

zwischen Prostitution und »legitimer« Sexualität komplexer ist, als es den Anschein hat.

Der Unterschied liegt vor allem in der Antwort auf folgende Frage: Wer verfügt über die Arbeitskraft von Frauen? Bei bezahlten Sexualleistungen können Sexarbeiterinnen entweder unabhängig sein oder einen Zuhälter haben. Bei unentgeltlichen Beziehungen können sie ebenfalls unabhängig sein oder der Kontrolle eines Ehemannes unterliegen. Das Wort »Hure« bezeichnet die unabhängige Frau, die ihre Sexualität nutzt, ohne dass ein Mann Profit daraus schlägt. Es bezeichnet Frauen, die die Zügel ihrer eigenen Sexualität in der Hand halten, ob sie nun »offiziell« Sexarbeiterinnen sind oder nicht. So lautete im Übrigen auch die Definition der Prostituierten unter dem Ancien Régime in Frankreich: »Unter öffentlichen Prostituierten versteht man Frauen und Mädchen, die sich gehen lassen und sich öffentlich und mit dem erstbesten Mann prostituieren, sei es kostenfrei oder gegen Geld.«[12]

Unser aktuelles System ist komplizierter als das der Jäger-und-Sammler-Kulturen, in denen Männer die Jagd oder das Fischen und damit auch das Monopol über tierische Proteine für sich allein beanspruchten und als Tauschmittel gegen sexuelle Gefälligkeiten von Frauen nutzten. Dieses System hat jedoch bis heute Bestand und schlägt sich beispielsweise in gewissen Traditionen nieder: Männer bezahlen fürs Abendessen, in der Hoffnung, dafür Sex zu bekommen; Nachtclubs lassen Frauen gratis rein; *nice guys* wollen freundliche Worte gegen einen Blowjob tauschen; das kapitalistische System entlohnt Frauen schlechter. Wenn wir diese Sicht auf die Dinge wirklich hinter uns gelassen haben, wie kommt es dann, dass Männer, die weniger verdienen als ihre Partnerinnen, Studien zufolge gestresster sind, deshalb sogar Erektionsprobleme haben können[13] und insgesamt unzufriedener mit ihrem Leben sind?[14]

Männer betrachten sich als aktiv, um die Arbeit der Frauen kleinzureden oder sogar unsichtbar zu machen und schließlich stillschweigend davon zu

12 Benabou, Érica-Marie (1987): *La Prostitution et la police des mœurs au XVIIIe siècle*. Paris: Perrin. 32. (zitiert nach Tabet, Paola: *La Grande Arnaque*, a. a. O.)

13 Pierce, Lamar/Dahl, Michael S./Nielsen, Jimmi (2013): »In sickness and in wealth: psychological and sexual costs of income comparison in marriage«. In: *Personality and Social Psychology Bulletin*. *39*(3).

14 Gash, Vanessa/Plagnol, Anke C. (2021): »The partner pay gap: associations between spouses' relative earnings and life satisfaction among couples in the UK«. In: *Work, Employment and Society*. *35*(3). 566–583.

profitieren. Und die Lösung für dieses Problem? Müssen wir die Arbeit der Frauen mehr wertschätzen? Zeigen, dass sie ebenfalls aktiv sind? Viele feministische Bewegungen wollen die Wertepyramide umdrehen und herausstellen, dass auch Hausarbeit und Care-Arbeit zählen. Und das ist sicher sehr wichtig, aber laut Christine Delphy darf das nur der erste, nicht der letzte Schritt in Richtung Zerschlagung des patriarchalen Ausbeutungssystems sein. Wenn wir uns allerdings mit diesem Schritt begnügen, läuft das nur darauf hinaus, dass ausgebeuteten Frauen vermittelt wird, ihr Problem sei, dass sie Putzen und Blowjobs einfach nicht genug wertschätzen.

Fragt doch mal die Pflegerinnen und Kassiererinnen, für die während des Lockdowns 2020 jeden Abend um 20 Uhr applaudiert wurde, was sie davon halten, dass sie wegen Teilzeitanstellung keinen Corona-Bonus bekommen haben. Hommagen an mutige Frauen und »höhere Wertschätzung« können auch ein Mittel sein, den Status quo aufrechtzuerhalten. Wenn ihr schon einmal so ein »heiliges Amt« innehattet, wisst ihr, dass Leidenschaft und Freude am Beruf auch gegen euch verwendet werden können, damit ihr immer schlechtere Arbeitsbedingungen akzeptiert. Genauso läuft das ja auch bei Frauen, die für ihre aufopfernde Hausarbeit gelobt werden, für ihre unverzichtbare Mutterrolle, ihre Fähigkeit, Beruf und Familie zu vereinbaren: All das dient dazu, der Frage nach gerechter Entlohnung zu entgehen.

Wir brauchen eine klare und finanzielle Anerkennung der Arbeit von Frauen. Wenn Männer diese bisher unentgeltlich ausgeführte Arbeit bezahlen müssten, würden sie sich vielleicht endlich nicht mehr so oft auf die faule Haut legen.

Zur Vertiefung:

Bessière, Céline/Gollac, Sibylle (2020): *Le Genre du capital. Comment la famille reproduit les inégalités.* Paris: La Découverte.
Die Unterschiede zwischen den Gehältern von Männern und Frauen sind gut dokumentiert, die Unterschiede zwischen den Vermögen jedoch weniger. Mittels einer Feldstudie zeigen die beiden Soziologinnen wie Richter*innen, Notar*innen und der Staat Männer bevorzugen, wenn es um Erbschaften, Scheidungen oder Sozialhilfe geht. Ein erhellendes Buch für all jene, die glauben, dass Geschlechtsunterschiede kleiner werden: Nein, das wird nicht von allein funktionieren.

Delphy, Christine (2013): *L'Ennemi principal,* tome I: *Économie politique du patriarcat;* tome II: *Penser le genre.* Paris: Syllepse.
Diese beiden Bände versammeln Artikel, die Christine Delphy seit 1970 geschrieben hat. Delphy, Forscherin am CNRS und Gründerin des *Mouvement de libération des femmes* (MLF, etwa: Bewegung für die Frauenbefreiung), vereint wissenschaftliches Vorgehen mit feministischem Aktivismus und liefert eine gründliche Analyse sowie eine Pointe nach der anderen. Ihr authentisch revolutionärer Feminismus hatte eine nicht zu unterschätzende Reichweite.

Tabet, Paola (2004): *La Grande Arnaque. Sexualité des femmes et échange économico-sexuel.* Paris: L'Harmattan, »Bibliothèque du féminisme«.
Die italienische Anthropologin erwehrt sich in diesem Buch immer wieder des Vorwurfs, Prostitution zu verherrlichen. Dazu muss man sagen, dass dies für Feministinnen ein vermintes Gebiet ist, weshalb Tabets Weigerung, das Thema Sexarbeit vereinfacht zu betrachten, ihr oft als Relativismus ausgelegt wurde. In Wahrheit jedoch werden die Ideen, die sie sorgfältig auf Grundlage ihrer empirischen Forschungen entwickelt, dafür sorgen, dass ihr alle ökonomisch-sexuellen Handelsbeziehungen von einem anderen Standpunkt aus betrachten werdet.

Ergänzende Empfehlungen zur deutschen Übersetzung

Penny, Laurie (2012): *Fleischmarkt. Weibliche Körper im Kapitalismus.* Aus dem Englischen von Susanne von Somm. Hamburg: Edition Nautilus.
Laurie Penny kennt die Theorien feministischer Vorkämpferinnen*, aber they berichtet von der Front der heutigen Verwerfungslinien und Grabenkämpfe: *Riot, don't diet!* In Kapiteln zu Sexualität, Prostitution, Essstörungen, Konsum und Hausarbeit werden Faktoren dargestellt, die für den Handel mit dem weiblichen Fleisch als sexuelles und soziales Kapital von Bedeutung sind. *Fleischmarkt* ist ein Stück feministischer Dialektik, das den Körper der Frau als sexuellen Stützpunkt des kapitalistischen Kannibalismus offenlegt.

Toupin, Louise (2022): *Lohn für Hausarbeit. Chronik eines internationalen Frauenkampfs (1972–1977).* Aus dem Französischen von Marie Treperman. Münster: Unrast Verlag.
Louise Toupin porträtiert in diesem Buch die zu Beginn der 1970er-Jahre entstandene internationale Bewegung »Lohn für Hausarbeit«, in der Frauen verschiedenster Hintergründe und Sexualitäten dafür kämpften, dass unsichtbare Hausarbeit anerkannt und entlohnt wird. Darin präsentiert sie auch ausführlich die Thesen und Argumente, die Christine Delphy in *L'Ennemi principal* entwickelt.

13. Wer ist verantwortlich für männliche Gewalt?

In diesem Kapitel betrachten wir Gewalt und Geschlecht unter zwei Gesichtspunkten: zunächst die vergeschlechtlichte Gewalt und daraufhin männliche Gewalt im Allgemeinen. Mit vergeschlechtlichter Gewalt meine ich jene Gewalt, die Männer Frauen antun. Mit männlicher Gewalt meine ich die Gesamtheit aller Gewalttaten, die von Männern ausgehen (denn die treffen auch Kinder und andere Männer).

Fangen wir mit ein paar Zahlen an, die so neutral wie möglich gehalten sind: 96 Prozent der Partnerschaftsgewalt geht von Männern aus.[1] Männer begehen 98 Prozent der sexualisierten Gewalttaten gegen Frauen und 75 Prozent der sexualisierten Gewalttaten gegen Männer.[2] 84 Prozent aller

1 Französisches Justizministerium: *Lettres de l'Observatoire national des violences faites aux femmes*, N° 13, November 2018.

2 Ined: *Enquête VIRAGE. Violences et rapports de genre: contextes et conséquences des violences subies par les femmes et par les hommes.*

Mörder*innen sind männlich.[3] 86 Prozent der (versuchten wie vollendeten) Raubüberfälle werden von Männern begangen.[4]

Ganz im Gegensatz zu allem, was ich im vorigen Kapitel beschrieben habe, wird in diesem Bereich meist vergessen, die aktive Rolle der Männer hervorzuheben. Wir reden über Frauen, die geschlagen werden, aber viel weniger über gewalttätige Männer. Über Partnerschaftsgewalt wird oft in derselben Weise gesprochen wie über Naturkatastrophen. Als wäre das alles sehr bedauerlich, aber letztlich unvermeidbar. Und wenn das Verbrechen zu furchtbar ist, als dass man es ignorieren könnte, bezeichnet man die Täter als Monster, als Abnormität. Damit tut man so, als wären das keine Menschen, keine normalen Männer.

Männer wissen genau, was Konsens ist

Nachdem Gérald Darmanin von Emmanuel Macron zum Innenminister ernannt worden war, obwohl Vergewaltigungsvorwürfe gegen ihn im Raum standen, gab Macron am 14. Juli 2020 an, er habe ein »Vertrauensgespräch von Mann zu Mann« mit seinem neuen Minister geführt, der »von diesen Angriffen verletzt« gewesen sei. Darmanins Anwälte haben die Vorwürfe nie zurückgewiesen: In einem Fall hatte er Sex mit einer Frau, nachdem sie ihn um Rechtsvertretung gebeten hatte; in einem anderen Fall schlief er mit einer Frau, die seine rechtliche Unterstützung für den Bezug einer Sozialwohnung brauchte. Beide Angelegenheiten blieben juristisch ohne Folgen. Gérald Darmanin wischte das alles beiseite und behauptete, er habe eben das »Leben eines jungen Mannes« geführt. Bitte gehen Sie weiter, es gibt hier nichts zu sehen.

Mit dem Begriff »Rape Culture« (Vergewaltigungskultur) bezeichnet man die Gesamtheit aller Vorstellungen, Verhaltensweisen und Gewohnheiten, die unfreiwillige Sexualakte leugnen, kleinreden oder entschuldigen. Einer der Grundpfeiler der Rape Culture ist die Vorstellung, dass ein Gespräch »von Mann zu Mann« offen, ehrlich und vorurteilsfrei abläuft. Dass die Faktenlage dadurch besser zu klären ist als in einem Gespräch mit Frauen, deren Aussagen von vornherein als weniger glaubwürdig gelten.

---

3 Französisches Innenministerium: *Insécurité et délinquance en 2018: premier bilan statistique.*

4 Französisches Innenministerium: *Rapport d'enquête CVS 2019. Les vols et tentatives de vol avec violences ou menaces.*

An dieser Stelle werde ich euch nicht noch mal ganz von vorn alles über Rape Culture und ihre vielen Ärgernisse erzählen (am Ende des Kapitels empfehle ich dazu ein gutes Buch), sondern möchte einen Lösungsansatz infrage stellen, der zwar oft vorgeschlagen wird, in meinen Augen aber unzureichend ist. Traditionell empfiehlt man Frauen in einer Rape Culture lieber, dass sie auf sich aufpassen sollen – anstatt dass man Männern vorschreibt, dass sie nicht vergewaltigen sollen. Daher rührt der feministische Ansatz, das Ganze andersherum zu formulieren: Bevor man Mädchen beibringt, wie sie sich schützen können, sollte man Jungen beibringen, nicht zu vergewaltigen.

Aber was wird denn darauf entgegnet, wenn jemand behauptet, dass Männer das Konzept des sexuellen Konsenses nur schwer umsetzen könnten? Dass sie eben etwas schwer von Begriff seien, dass man ihnen das erklären und in ihrer Erziehung noch mal von vorn beginnen müsse. Aber es scheint mir, dass sich mit diesem Argument vor allem die männliche Scheinheiligkeit entlarven lässt. Denn ich persönlich denke, dass Männer im Allgemeinen ganz genau wissen, was Konsens ist, und sich auch beherrschen können. Darauf haben sie aber schlicht und ergreifend keine Lust.

Um meine These zu erklären, möchte ich euch zunächst einen Text aus dem Blog »Rockstar Dinosaur Pirate Princess« vorstellen, der seit seiner Veröffentlichung im Jahr 2015 weltweit bekannt wurde. Wegen seiner lehrreichen Qualitäten wurde der Text in vielen Videos aufgegriffen, in verschiedene Sprachen übersetzt und überall zitiert. Zur Erklärung des Begriffs Konsens wird darin eine sehr unmissverständliche Analogie gebraucht. Hier der Text:

> Wenn Du Schwierigkeiten mit dem Begriff »Einverständnis« hast, stell dir vor, statt Sex anzuzetteln, würdest du jemandem eine Tasse Tee machen. Du sagst: »Hey, hast du Bock auf Tee?«, und derjenige sagt: »Oh mein Gott, ja, scheiße man, ich LIEBE Tee! Danke!«, dann weißt du, dass er Tee möchte. Wenn du fragst: »Lust auf Tee?«, und derjenige antwortet: »Hm, ich bin mir nicht sicher«, dann kannst du den Tee machen oder nicht, aber dir muss klar sein, dass er den Tee vielleicht nicht trinkt. Dann aber darfst du – und jetzt kommt der wichtigste Teil – dein Gegenüber nicht dazu zwingen, den Tee zu trinken. Nur weil du den Tee gemacht hast, bedeutet das nicht, dass derjenige verpflichtet ist, den Tee zu trinken. Und wenn derjenige »Nein danke« sagt, dann mach einfach keinen Tee. Gar keinen. Mach einfach keinen Tee. Zwinge niemanden, den Tee

zu trinken und sei nicht angepisst, wenn mal jemand keinen Tee möchte. Er will einfach nur keinen Tee, ok? Vielleicht sagt er: »Ja, danke, das ist lieb von dir«, aber wenn der Tee fertig ist, will er nicht mehr. Sicher ist das nervig, da du den Aufwand betrieben hast, Tee zu machen, aber derjenige ist nicht verpflichtet, den Tee zu trinken. Er wollte Tee, jetzt will er keinen mehr. Manche Leute ändern ihre Meinung in der Zeit, die du brauchst, um den Kessel aufzusetzen und den Tee ziehen zu lassen. Es ist absolut in Ordnung, seine Meinung zu ändern, und derjenige ist immer noch nicht verpflichtet, deinen Tee zu trinken. Wenn jemand bewusstlos ist, mach ihm keinen Tee. Bewusstlose Menschen wollen keinen Tee und können auf »Magst du Tee?« nicht antworten – sie sind bewusstlos. Vielleicht war er bei Bewusstsein, als du gefragt hast, ob er Tee will, vielleicht hat er Ja gesagt. Aber in der Zeit, in der du den Kessel aufgesetzt und den Tee gemacht hast, hat derjenige sein Bewusstsein verloren. Du solltest den Tee abstellen und sichergehen, dass es der bewusstlosen Person gut geht, und – wieder der wichtigste Teil: Zwing niemanden, den Tee zu trinken. Sicher hat er Ja gesagt, aber bewusstlose Menschen wollen keinen Tee. Wenn jemand Tee wollte, angefangen hat, ihn zu trinken, und dann in Ohnmacht fällt, bevor er fertig ist, solltest du dem Bewusstlosen nicht weiterhin Tee in den Rachen kippen. Pack den Tee weg und stell sicher, dass es demjenigen gut geht. Bewusstlose Menschen wollen keinen Tee. Glaub mir. Wenn jemand letzten Samstag bei dir Tee wollte, heißt das nicht, dass er nun die ganze Zeit Tee will. Niemand will, dass du unerwartet bei ihm auftauchst und ihn zwingst, deinen Tee zu trinken und dabei schreist »ABER LETZTE WOCHE WOLLTEST DU TEE« – oder dass derjenige aufwacht, weil du ihm Tee in den Hals schüttest und schreist »ABER LETZTE NACHT WOLLTEST DU TEE«. Wenn dir klar ist, wie komplett schwachsinnig es ist, Menschen zum Tee zu zwingen, wenn sie gar keinen Tee wollen, und wenn du verstehst, wann Menschen keinen Tee wollen – wie schwer ist es dann, es zu verstehen, wenn es um Sex geht? Egal, ob Tee oder Sex: Einverständnis ist alles. In diesem Sinne: Ich mache mir eine schöne heiße Tasse Tee.[5]

Ich halte das für eine hervorragende Analogie, die überall auf den Lehrplänen für Sexualkunde stehen sollte. Und inzwischen gibt es ja eine ganze Menge Poster, Videos, Artikel und Menschen, die Konsens erklären. Jungen wird beigebracht, dass sie keine falschen Schlüsse ziehen sollen, dass sich

5 »Beidseitiges Einverständnis – so einfach wie Tee«, YouTube-Video mit deutscher Übersetzung des Blogartikels, aus dem Englischen übersetzt von Elena Helfrecht, für diesen Abdruck leicht überarbeitete Fassung. https://www.youtube.com/watch?v=2ovcQgIN5G4

Konsens nur in einem begeisterten Ja äußert und nicht etwa in Unsicherheit und Vagheit … Und doch werden einige später zu Vergewaltigern. Warum? Sind sie einfach nur dumm? Ich kritisiere Männer nur zu gern, aber meine Antwort auf diese Frage lautet: Nein, ich denke nicht, dass Männer dümmer sind als Frauen.

Natürlich sollten wir auf keinen Fall damit aufhören, Bildungsarbeit für das Verständnis von Konsens zu leisten und zu erklären, dass höfliche Ablehnung und Schweigen kein Ja sind. Unausgesprochenes und Zweideutigkeiten sind keine gute Grundlage für Sex; begeisterter Konsens sollte jeder sexuellen Handlung vorausgehen. Diese Botschaft sollte überall vermittelt werden, in Schulen, Büros, Bars und Clubs, an Stränden, in U-Booten und auf Raumstationen. Aber reicht das?

Man sollte sich nicht vormachen, dass es sich hierbei allein um ein Erziehungsproblem handelt. Ich bin sogar der Meinung, dass Männer ganz genau wissen, was Konsens ist. Wenn es um Tee geht. Wenn es um sie selbst geht. Wenn es um Sex mit einer Frau geht. Nein heißt Nein, das ist Männern bewusst. So kompliziert ist das nicht. Das Problem ist nur: Viel zu oft ist es ihnen scheißegal. Schlimmer noch, es kann sie sogar erregen, sich über die Ablehnung einer Frau hinwegzusetzen. Das ist eine Herausforderung. Das ist sexy. Das ist die Gelegenheit, jemanden zu erobern, zu verführen und sich seine Kraft zu beweisen.

Wenn eine Frau zu begeistert zustimmt und zu scharf auf den Schwanz eines Mannes ist, würde das das Kräfteverhältnis zerstören. Dann wäre er nicht mehr sicher, ob er die Kontrolle hat, und fühlt sich vielleicht kastriert. Die Frau muss um jeden Preis gebremst werden. Wer so denkt, für den ist begeisterter Konsens unvorstellbar. Eine Frau, die zu begeistert Ja sagt, könnte dafür mit Gewalt bestraft werden. Hat sie schon einmal breit lächelnd Sex zugestimmt und zu oft die Initiative ergriffen? Dann, so denken manche Männer, muss sie mit gewaltsamem, demütigendem, dominantem Sex bestraft werden, das wird ihr eine Lehre sein, und was anderes hat sie auch gar nicht verdient.

Die Analogie mit dem Tee ist aus demselben Grund genial, aus dem sie auch völlig am Thema vorbeizielt. Indem diese Analogie all die Probleme außen vor lässt, die unter der patriarchalen Herrschaft mit Sex und Vergewaltigung verbunden sind, veranschaulicht sie durch Absurdität.

Natürlich würde niemand so lange darauf bestehen, dass eine Person Tee trinkt, bis es dieser Person zu blöd wird und sie lieber trinkt, als sich weiter bitten zu lassen. Natürlich wurde keinem Mann beigebracht, dass sein Wert von seiner Fähigkeit abhängt, anderen Menschen Tee einzuflößen. Niemand denkt, er habe ein naturgegebenes Recht darauf, Frauen zum Teetrinken zu bewegen. Niemand wird behaupten, Frauen seien dazu gemacht, dass man seinen Tee in sie hineinschüttet, und dass sie eigentlich Ja meinen, wenn sie Nein sagen. Niemand würde eine Frau schlagen, weil sie eine Tasse Tee ablehnt.

An dieser Stelle werden die meisten männlichen Leser vermutlich denken: »Aber ich bin kein Vergewaltiger und kein übergriffiger, nerviger Typ«, denn Vergewaltiger sind schließlich immer die anderen, Männer, auf die man seine Ängste und Vorurteile projizieren kann. Ist ja auch eigentlich egal, wenn aus Statistiken und Zeugenaussagen eindeutig hervorgeht, dass Vergewaltiger unterschiedlichster Herkunft sind und allen sozialen Schichten entstammen, dass ein typischer Vergewaltiger nicht etwa »ein gestörter Typ mit Kapuzenpulli auf einem dunklen Parkplatz« ist, sondern ein Partner, ein Ehemann, ein Vater wie jeder andere.

Hat ein Mann sich einmal eingeredet, dass Vergewaltiger immer die anderen sind, wird er seinen eigenen Ruf retten, indem er ein kleines »Aber« in die Diskussion einbringt. »Aber es gibt doch Grauzonen«, »Aber Frauen werden so sozialisiert, dass sie Nein sagen und Ja meinen«, »Aber in Frankreich ist ein Flirt eben ein Spiel der Zweideutigkeiten«, und so weiter und so fort. Solche Männer sind entrüstet über das Verhalten von Harvey Weinstein und Konsorten, »aber ...« – Vergewaltigungskultur ist vor allem Rechtfertigungskultur. Und Männer weigern sich, von dieser Position abzurücken, immerhin besteht ja dieses kleine – ganz und gar furchtbare – Risiko, dass sie weniger ficken könnten. Und das kommt für viele Männer offenbar überhaupt nicht infrage.

Ich würde gern kurz innehalten und diesen letzten Aspekt eingehender betrachten, denn ich weiß, dass er für einige Leser eine bittere Pille darstellt. An diesem Punkt der Diskussion höre ich oft von der sexuellen Not der Männer. Für einen sexuell inaktiven und frustrierten Mann, der häufig zurückgewiesen wird, ist es vielleicht schwer, Mitgefühl für Leute zu empfinden, die unter zu viel sexueller Aufmerksamkeit leiden. Oft sagt oder denkt so ein Mann irgendwann Sachen wie: »Weiber haben es so leicht, die müssen nur mit den Fingern schnipsen und schon finden sie einen Mann, also können sie mich zurückweisen und schlafen lieber mit Typen, die mehr Kohle haben als ich« oder »Natürlich hätte ich nichts dagegen, wenn eine Frau mich vergewaltigen wollen würde«. Aha – gilt das auch, wenn eine Frau ihn beim Sex ohne Vorwarnung plötzlich fingern würde? Die meisten Heteromänner würden laut dagegen aufbegehren, was nur zeigt: Sie verstehen es eigentlich ganz gut, dass man gewissen sexuellen Praktiken zustimmen und anderen widersprechen wollen kann. Ist es also wirklich zwangsläufig so eine tolle Erfahrung, von Leuten des anderen Geschlechts umgeben zu sein, die Sex mit euch haben wollen?

Das Argument der sexuellen Not der Männer ist schlicht und ergreifend unzulässig. Was genau soll damit gerechtfertigt werden? Hungersnöte zum Beispiel müssen durch Umverteilung von Reichtum und im Notfall durch die Ausgabe von Lebensmitteln bekämpft werden. Aber Frustration? Die Sexspielzeug-Industrie stellt doch großartige Masturbatoren her. Frauen sind keine natürliche Ressource, die man gerecht zwischen allen Männern aufteilen könnte. Aber davon ganz abgesehen: Schaut euch doch noch mal die Statistiken zum Erreichen des Orgasmus im vorigen Kapitel an. Wenn sich hier irgendjemand über sexuelle Not beschweren darf, dann ja wohl Frauen, die Sex mit Männern haben.

Nun, allen Bildungsbestrebungen auf der Welt zum Trotz befürchte ich, dass sich an alldem nichts ändern wird, solange sich Männer einfach über die Ablehnung von Frauen hinwegsetzen können, ohne rechtliche, persönliche oder berufliche Konsequenzen erleiden zu müssen. Solange Männer dabei kein Risiko eingehen müssen und trotzdem Minister werden oder Filmpreise gewinnen können, müssen sie sich wahrscheinlich nicht mit der Frage nach Konsens aufhalten.

Was tun? Erziehung und Bildung müssen natürlich weiterhin gewährleistet sein, denn, um es noch einmal klipp und klar zu sagen, ich bin der Meinung, dass das nicht zwecklos ist. Vor allem, weil Kinder, die etwas über Konsens lernen, dann besser verstehen, wenn ein Erwachsener sie missbraucht, und um Hilfe rufen können. Aber das reicht noch nicht. Wir müssen auch dafür sorgen, dass es nicht mehr als Kavaliersdelikt angesehen wird, wenn ein Mann gegen ihren Willen mit einer Frau schläft. Aus ganz unterschiedlichen Gründen zeigen Frauen das meistens nicht an und wenn doch, dann führt die Anzeige in der Regel zu nichts: In Frankreich kommt es nach einer Vergewaltigung in nur einem von einhundert Fällen zu einer Verurteilung.[6]

Wenn das Rechtssystem seine Arbeit nicht macht, was können wir dann tun? Rape Culture muss durch individuelle Verhaltensänderungen, vor allem aber durch kollektive Mobilisierung beendet werden. Wir sollten nicht länger unsere Freunde in Schutz nehmen, wenn wir wissen, dass sie Sex ohne Konsens hatten. Nicht mehr mit Vergewaltigern zusammenarbeiten, bei ihnen einkaufen oder sie auf irgendeine andere Weise unterstützen. Außerdem sollten wir in unserem Umfeld keine Aussagen mehr akzeptieren, die »hart an der Grenze« sind. Uns nicht einschüchtern lassen, wenn wir die Spielverderber*innen sind, die nicht über Vergewaltigungswitze lachen. Frauen zuhören und ihnen glauben, wenn sie uns von so etwas erzählen. Die Scham an das andere Lager abgeben.

---

6 Wie diese Zahl zustande kommt, erfährt man zum Beispiel in diesem Artikel: Leboucq, Fabien (Juli 2020): »Pour 100 viols et tentatives, une seule condamnation: Dupond-Moretti a-t-il raison de douter de ce chiffre?«, liberation.fr, https://www.liberation.fr/checknews/2020/07/22/pour-100-viols-et-tentatives-une-seule-condamnation-dupond-moretti-a-t-il-raison-de-douter-de-ce-chi_1794833/

Die Forscherin Liz Kelly hat gezeigt, dass es ein Kontinuum sexualisierter Gewalt gibt. Sie stützt sich auf die Arbeiten der Soziologin Pauline Bart, nach deren Ansicht zwischen einer Vergewaltigung und einvernehmlichen sexuellen Beziehungen sehr viele Zwischenstufen liegen, unter anderem der altruistische Sex (wenn Frauen Mitleid mit Männern haben oder sich schuldig fühlen, wenn sie Nein sagen) und der unterwürfige Sex (wenn die Ablehnung schlimmere Konsequenzen hätte als die Zustimmung).[7] Für Frauen sind Inzest, das unfreiwillige Erleben von Exhibitionismus, sexuelle Belästigung, Partnerschaftsgewalt und Vergewaltigung keine juristischen Einzelfälle, nicht einfach nur Fallbeispiele, sondern konkrete Erlebnisse, die sich aneinanderreihen und aufeinander aufbauen können, bis sie in ihren Augen als logische Abfolge erscheinen, als biografisches Kontinuum, für das es kein männliches Äquivalent zu geben scheint.

Liz Kellys Kontinuum endet mit Inzest, ich persönlich sehe sein äußerstes Ende aber in etwas anderem: Femizid. Kellys Arbeit stützt sich auf Zeugenaussagen von Frauen und dementsprechend konnte sie natürlich keine Daten von Toten sammeln. Feministische Aktivist*innen haben das Thema Femizid allerdings in den Vordergrund gerückt und es bedarf einer genaueren Betrachtung: Warum bringen manche Männer ihre Partnerinnen um?

Was heißt eigentlich Femizid?

»Sie verlässt ihn, er tötet sie.« Das ist einer der prägnantesten Slogans, mit denen französische Feminist*innen seit einigen Jahren auf Femizide aufmerksam machen. Sie haben Femizide in der Rubrik »Verschiedenes« in den Lokalnachrichten gezählt. Kritisch auf die oft nachlässige mediale Behandlung dieser schrecklichen Taten hingewiesen. Die Namen der Opfer auf Mauern und Fassaden geschrieben.

Im Jahr 2020 veröffentlichte *Le Monde* eine lange Reportage zu Frauen, die von ihren Partnern ermordet worden waren, und dabei wurden gewisse Konstanten erkennbar: Diese Frauen wurden nach Jahren der Misshandlung und Gewalt getötet, oft als sie sich trennen wollten, und zudem mit mörderischer Brutalität. Manche Täter nehmen sich danach das Leben. Andere rechtfertigen sich mit der Liebe, die sie für das Opfer empfunden haben.

---

7 Kelly, Liz (1987): »The Continuum of Sexual Violence«. In: Hanmer, J./Maynard, M. (Hrsg.): *Women, Violence and Social Control. Explorations in Sociology*. London: Palgrave Macmillan. 46–60.

Auch wenn die Verteidigung solcher »Verbrechen aus Leidenschaft« heutzutage nicht mehr ohne Weiteres durchgeht, sagten die von *Le Monde* befragten Anwält*innen, dass dieses Argument bei Gericht noch immer herangezogen wird, um mildere Strafen durchzusetzen. In meinen Augen sollte man das eher als erschwerenden Umstand definieren. Laut Psycholog*innen, die solche Männer untersucht haben, werden sie von dem Gefühl angetrieben, über ihre Partnerinnen herrschen zu können. Mörder sehen Frauen (und oft auch ihre Kinder) als ihr Eigentum an und es komme in ihren Augen nicht infrage, dass sie unabhängig werden. Deshalb ist der Auslöser für den Mord meist ein Trennungsversuch. Die Vorstellung, dass die Frau Eigentum ist, sowie die daraus entstehende Eifersucht sind grundlegende Merkmale der patriarchalen »Liebe«. Eine Frau hat »ihren Ehemann«, ein Mann sagt »meine Frau«. Doch nicht nur Männer, die Femizide begehen, glauben, über ihre Partnerin herrschen zu können. Diese Vorstellung ist nicht nur in den Köpfen körperlich gewalttätiger Männer verankert. Vielmehr liegt sie ganz unterschiedlichen Formen von Misshandlung zugrunde, die nicht immer in körperlicher Gewalt münden, aber dennoch große Schäden anrichten.

Selbst wenn man davon ausgeht, dass Morde an Partner*innen »Liebesverbrechen« sind: Warum werden sie dann zum allergrößten Teil von Männern begangen?[8] Lieben Frauen etwa weniger? Wenn Männer unter dem Einfluss von Gefühlen und Leidenschaft gewalttätig werden, heißt das dann, dass Frauen keine Leidenschaft haben? Wenn Männer behaupten, dass ihre Partnerinnen sie bis zum Äußersten getrieben haben, heißt das dann, dass Frauen nie jemand bis zum Äußersten treibt? Natürlich ist es nachvollziehbar, wenn Männer nach einer Trennung sehr leiden, natürlich kann sie das »bis zum Äußersten treiben«. Aber die angebrachtere Reaktion wäre vielleicht, in Tränen auszubrechen, tragische Gedichte zu verfassen, eine Reise zu unternehmen …

Diese Femizide sind Teil einer Realität, in der Partnerschaftsgewalt meistens von Männern ausgeht und Frauen trifft. Und was ist mit den zwanzig Prozent der Fälle, in denen Frauen ihre Männer umbringen? Wenn das passiert, hat die Frau meist unter der Gewalt ihres Mannes gelitten und

8 Mehr als 80 Prozent der Opfer von Morden in der Partnerschaft sind weiblich. Quelle: Französisches Innenministerium: *Étude nationale relative aux morts violentes au sein du couple en 2020.*

befürchtet, nicht lebend da rauszukommen. Diese beiden Situationen kann man also unmöglich miteinander vergleichen.

Die gute Nachricht lautet, dass die Lösung zur Bekämpfung von Morden in der Partnerschaft – egal ob durch den Mann oder die Frau – in beiden Fällen die gleiche ist: der Ausbau von Hilfen für Frauen, die Gewalt erleben. In den USA wurde zum Beispiel gezeigt, dass die Einrichtung von Frauenhäusern die Fälle, in denen Frauen ihre Männer töten, um 70 Prozent verringert hat.[9]

Femizide sind Teil des gesamten Repertoires der Gewalt an Frauen, und das beginnt mit der ersten Ohrfeige, die ein Mann seiner Freundin gibt. Vielleicht beginnt es sogar schon beim ersten Eifersuchtsanfall, beim ersten Ausgehverbot oder wenn er sie das erste Mal als Hure beschimpft. Femizide finden nicht nur in Partnerschaften statt: Wenn ein Freier eine Sexarbeiterin tötet, ein Mann eine Lesbe angreift, eine trans Frau von ihrem Partner umgebracht wird, dann sind auch das Femizide.[10]

Es gibt einige Gemeinsamkeiten zwischen Gewalt gegen Frauen und Gewalt gegen Männer. Erstens: In der Regel werden die Opfer unabhängig von

9 Kimmel, Michael S. (2002): »Gender symmetry in domestic violence: a substantive and methodological research review«. In: *Violence against Women*. *8*(11). 1332–63.

10 Zu diesem Thema empfehle ich ein YouTube-Video von Tal Madesta: »Comment compter les féminicides? | En Bref«, XY Media, https://www.youtube.com/watch?v=RiUuTebJqac

ihrem Geschlecht meist von Männern angegriffen. Zweitens: Die Gewalt dient als Ordnungsruf, damit die Geschlechternormen weiterhin eingehalten werden. Einer Frau, die Gewalt erleidet, wird damit vermittelt, dass sie das Haus nicht hätte verlassen, sich anders hätte kleiden, sich weniger hätte schminken und sich nicht in Gefahr hätte begeben sollen (auch wenn eine Frau in ihrem Zuhause der Gewalt tendenziell am stärksten ausgesetzt ist, wird ihr der Täter oft all das vorwerfen). Einem Mann, der Gewalt erfährt, vermittelt man hingegen, dass er nicht Manns genug ist. Er hätte sich eben besser verteidigen sollen. Er müsse lernen, wie man kämpft und der Stärkste ist. Gewalt soll immer die patriarchale Ordnung wiederherstellen.

Wir könnten die vielzähligen Gründe näher betrachten, mit denen Männer ihre Gewalt an Frauen rechtfertigen, aber wenn man das Ganze nicht von einem individuellen, sondern von einem übergeordneten Standpunkt aus betrachtet, der sich also nicht auf Beziehungsstreits und Leidenschaft beschränkt, dann treffen diese Gründe immer auf denselben Einwand: Warum schlagen und töten Frauen denn dann nicht?

Warum sind Männer gewalttätig?

Selbstverständlich – und glücklicherweise – sind nicht alle Männer gewalttätig. Doch Gewalt ist eine der wesentlichen Ausdrucksweisen von Männlichkeit. Die traditionelle Erklärung dafür lautet, dass das in der männlichen Natur liegt. Wie wir am Anfang des Buches bereits gesehen haben, wird der Natur so einiges angelastet. Männliche Gewalt hat drei Hauptgründe, die nicht unabhängig voneinander bestehen, sondern sich überschneiden.

1. Eine weit verbreitete Gewaltkultur. Ebenso wie die Rape Culture Vergewaltigung entschuldigt und rechtfertigt, ist auch Gewalt kulturell verwurzelt. In den Kinos laufen lauter Filme über männliche, super gewalttätige Männer, die ganz legitim Schläge austeilen, Schüsse abgeben und Bomben abwerfen. In internationalen Beziehungen fragt man sich: Wie lässt sich eine »Friedenskultur« schaffen? Wie können wir erreichen, dass Krieg auf staatlicher Ebene nicht mehr als Lösung angesehen wird? Dafür muss man sich unter anderem mit Männlichkeiten befassen.[11]

11 Zu diesem Thema empfehle ich folgenden Bericht der UNESCO aus dem Jahr 1997: *Male roles and masculinities in the perspective of a culture of peace*. https://unesdoc.unesco.org/ark:/48223/pf0000109628

2. Männlichkeit, die sich über Gewalt definiert. Hegemoniale Männlichkeit ist eng verbunden mit Machtdemonstration. Vielen Gewalttaten liegt zugrunde, dass die Täter sich ihrer Männlichkeit versichern wollen. Eine spanische Studie, in der Männer, die sich gegen Gewalt an Frauen einsetzen, mit gewalttätigen Männern verglichen wurden, kam zu einem erstaunlichen Ergebnis: Die gewalttätigen Männer hatten das höchste Selbstwertgefühl.[12] Sie hielten sich für ehrlicher und loyaler. Sie meinten, Prinzipien zu haben und daran festzuhalten. Werden sie gewalttätig, weil sie

12 Vecina, María L./Chacón, F./Pérez-Viejo, J. M. (2016): »Moral absolutism, self-deception, and moral self-concept in men who commit intimate partner violence. A comparative study with an opposite sample«. In: *Violence against Women*, *22*(1). 3–16.

sich für unfehlbar halten, oder hat ihr Gewalteinsatz sie davon überzeugt, immer recht zu haben?

3. Die Herrschaftsposition. Männliche Herrschaft erfordert und erlaubt den Gebrauch von Gewalt. Männliche Herrschaft wird aufrechterhalten, weil körperliche Gewalt einerseits effektiv ist und andererseits ständig auszubrechen droht. Fragt mal einen Mann, welche Vorsichtsmaßnahmen er gegen Gewalt auf der Straße ergreift, und er wird wahrscheinlich antworten: »Gar keine.« Fragt eine Gruppe von Frauen und ihr habt vermutlich genug Zeit, Tee aufzubrühen und abkühlen zu lassen, bevor sie alle Maßnahmen aufgezählt haben.

Wenn eine Frau im öffentlichen Raum angegriffen wird, muss sie sich oft vorwerfen lassen, dass sie allein oder nur mit anderen Frauen unterwegs war. Es wird unterstellt, dass sie durch die Anwesenheit eines Mannes geschützt gewesen wäre. Man solle also der heterosexuellen Ordnung folgen: Mädels, bleibt immer schön in unserer Nähe, sonst passiert euch was Schlimmes (dafür werden wir schon sorgen). Schutzgelderpressung könnte man das nennen. Das Patriarchat ist eine Mafia.

Jenseits der körperlichen Gewalt

Wäre dieses Buch eine wissenschaftliche Arbeit, hätte ich dieses Kapitel mit einer Begriffsdefinition beginnen müssen, aber stattdessen stelle ich diese ans Ende. Was ist Gewalt? Bisher habe ich mich an einem recht engen Verständnis orientiert und nur von körperlicher Gewalt gesprochen. Diese ist nämlich am sichtbarsten und somit am einfachsten in Zahlen zu fassen. Aber was ist mit psychischer Gewalt? Und gibt es noch weitere Formen von Gewalt? Der Soziologe Johan Galtung, Begründer der Friedensforschung, definiert den Begriff etwas breiter: Gewalttätig seien jene Taten, die die Handlungsmöglichkeiten eines Menschen einschränken.[13] Wenn ich euch beide Beine breche, könnt ihr nicht mehr am Paris-Marathon teilnehmen. Das ist Gewalt. Wenn ihr von eurem Vermieter rausgeworfen werdet, ist das auch Gewalt. Und wenn eine Regierung Gesetze erlässt, die ausschließlich die Rechte von Leuten wie euch einschränkt? Ebenfalls Gewalt.

13 Galtung, Johan (1969): »Violence, peace, and peace research«. In: *Journal of Peace Research*, 6(3). 167–191.

Dieser Definition entstammt der Begriff der strukturellen Gewalt, unter der man die Gesamtheit aller Arten und Weisen versteht, auf die eine Gesellschaft das Potenzial eines Teils ihrer Mitglieder einschränkt. Sexismus und Rassismus sind im Kern gewalttätige Systeme. Männliche Gewalt ist ebenfalls Teil eines Systems, in dem Männer Machtpositionen und besser bezahlte Berufe an sich reißen sowie ihre Kinder verlassen und in dem das Recht auf Abtreibung eingeschränkt und mehr Geld für Fußballstadien als für Familienplanung ausgegeben wird.

In diesem Kapitel habe ich versucht, einen (keinesfalls erschöpfenden) Rundumblick über die Zusammenhänge von Gewalt und Männlichkeit zu geben. Wenn wir eines festhalten sollten, dann die Tatsache, dass für all diese Formen von Gewalt, ob sie nun Frauen oder Männern angetan wird, ob sie nun körperlicher oder psychischer Natur ist, größtenteils Männer verantwortlich sind. Das heißt nicht, dass Frauen dazu nicht in der Lage sind. Aber Männer haben eine Machtposition inne, in der sie Gewalt ausüben können, und sie halten sich damit nicht zurück.

Die Psycholog*innen Alan Wade und Linda Coates haben untersucht, wie die Art und Weise, wie wir über Gewalt gegen Frauen sprechen, diese in der Regel verharmlost.[14] Menschen neigen dazu, die Schwere der Taten als schwächer darzustellen, die Verantwortung der Täter herunterzuspielen, die Gegenwehr des Opfers nicht anzuerkennen und ihm damit schließlich die Schuld zuzuweisen.

Das sieht man zum Beispiel an Schlagzeilen in Zeitungen. Man liest eher so etwas wie »Blutige Kreuzfahrt: ›Meine Frau machte sich über mich lustig‹« als »Ein Mann tötet seine Frau bei einer Kreuzfahrt«. Ebenso beiläufig wird von Männern berichtet, die schlagen oder töten, weil »sie eine Pizza mit Chorizo bestellt hat« oder »der Grießbrei verklumpt war«.[15] Anstelle eines Berichts über jahrelange Misshandlung wirft man uns eine hübsche kleine Anekdote über einen armseligen Irren vor, den ein Anfall der Besessenheit gepackt hat.

Wenn mein Vater meiner Mutter Gewalt antat, hatte er dafür immer einen Vorwand. Wenn er sich an den Esstisch setzte, war sofort zu spüren, ob er gute oder schlechte Laune hatte, und in letzterem Fall wussten wir alle,

---

14 Coates Linda/Wade, Alan (2007): »Language and violence: analysis of four discursive operations«. In: *Journal of Family Violence*, Volume 22. 511–522.

15 Diese Beispiele stammen aus dem Tumblr-Blog »Les mots tuent« von Sophie Gourion.

dass wir aufpassen mussten. Wir sprachen nur über oberflächliche Dinge oder schwiegen einfach gleich, ließen den Fernseher die Stille ausfüllen und fürchteten uns die ganze Zeit vor dem Fehltritt, bei dem unser Vater ausrasten würde. Meine Mutter hatte das Glück, dass er sie nur selten schlug, aber ihre Streits konnten von Kleinigkeiten ausgelöst werden und sich über Stunden hinziehen. Die Erinnerung daran, dass er sich einmal über den »Pissegeschmack« der Kartoffeln beschwert hat, bringt mich nicht gerade zum Lachen. Aber ich kann mir vorstellen, dass ein Lokaljournalist daraus eine tolle Schlagzeile hätte zaubern können, wenn mein Vater an diesem Abend meine Mutter umgebracht hätte.

Mit dem Schreiben dieses Kapitels habe ich mich schwergetan, denn ich hasse Gewalt und Konflikte. Mich allerdings hat mein Vater nur selten angeschrien und nie geschlagen. Doch es hat Spuren hinterlassen, dass ich jahrelang dabei zusehen musste, wie er meine Mutter misshandelte und ständig kurz vorm Explodieren war. Jahrelang habe ich den Mund nicht aufgemacht, mich untergeordnet und die Füße stillgehalten, weil ich niemanden in meinem Umfeld gegen mich aufbringen wollte. Selbst wenn männliche Gewalt nicht körperlich ist, hat sie Langzeitfolgen. Selbst wenn man nur Zeug*in ist, hat männliche Gewalt im Großen und Ganzen eine Konsequenz: Sie hält uns klein, folgsam und in einem Zustand ständiger Wachsamkeit.

Zur Vertiefung:

Pudlowski, Charlotte: *Ou peut-être une nuit* (Podcast)
Ich wusste, dass das Thema Inzest zu viel für dieses Buch wäre, daher habe ich dazu nichts geschrieben. Doch dieses Verbrechen wird zu 98 Prozent von Männern begangen und darüber müssen wir sprechen. Das traut sich Charlotte Pudlowski in diesem Podcast, in dem sie Opfer und Forscher*innen zu Wort kommen lässt. Achtung: Das Anhören des Podcasts könnte als belastend empfunden werden.

Rey-Robert, Valérie (2019): *Une culture du viol à la française.* Paris: Libertalia.
In ihrem ersten Buch schaut sich die Bloggerin und Aktivistin Valérie Rey-Robert alles genauer an, was Männern (vor allem in der französischen Kultur) ermöglicht, ihre Vergewaltigungen zu entschuldigen oder sogar zu

rechtfertigen. In der Theorie verurteilt zwar jede*r Vergewaltigungen, aber in der Praxis gibt es viele mildernde Umstände für Vergewaltiger. Diese kollektive, organisierte Verleugnung gibt es bei anderen Gewaltformen nicht, aber sie ist so wirksam, dass dieses ganze Buch nötig war, um die zugrundeliegenden Mechanismen zu entlarven.

Zeilinger, Irene (2018): *Oui mais les hommes aussi …* Louvain-la-Neuve: Corps écrits.
Es besteht die Tendenz, Partnerschaftsgewalt gegen Frauen auf dieselbe Stufe zu stellen wie jene gegen Männer, und das paradoxerweise im Namen der Gleichberechtigung. Diese Forderung hört man von Antifeminist*innen, von Politiker*innen und auch von manchen Feminist*innen in Machtpositionen. Genau wie Vereinigungen geschiedener Väter die angebliche Ungleichheit vor Gericht hochspielen, stellen diese Menschen die realitätsferne Behauptung auf, dass Männer ebenso häufig, wenn nicht noch häufiger, Opfer sind wie Frauen. Zeilingers Studie zeigt methodisch und mit vielen Quellen, dass Partnerschaftsgewalt vor allem von Männern begangen wird. https://www.corps-ecrits.be/download/oui-mais-les-hommes-aussi-2/?wpdmdl=2877&refresh=636e38d36db731668167891

Ergänzende Empfehlungen zur deutschen Übersetzung

Segato, Rita Laura (2022): *Femizid. Der Frauenkörper als Territorium des Krieges.* Aus dem argentinischen Spanisch von Sandra Schmidt. Münster: Unrast Verlag.
Segato fordert, Frauenmorde nicht länger in privaten und sexuellen Kategorien zu betrachten, sondern vielmehr als systembedingte Femizide zu benennen, die über die Erniedrigung von Frauenkörpern den Herrschaftsanspruch von Männerbünden formulieren und kommunizieren sollen.

Wilpert, Bettina (2018): *Nichts, was uns passiert.* Berlin: Verbrecher Verlag.
Dieser Roman erzählt in bedrückender Nachvollziehbarkeit davon, wie eine Frau in der linken Szene auf Unverständnis und die Bezichtigungen der »Falschbeschuldigung« trifft, als sie von einer Vergewaltigung durch einen gemeinsamen Freund berichtet. Der Roman thematisiert, welchen Einfluss eine Vergewaltigung auf Opfer, Täter und das Umfeld hat und wie eine Gesellschaft mit sexualisierter Gewalt umgeht.

Sanyal, Mithu M. (2016): ***Vergewaltigung.*** **Hamburg: Edition Nautilus.** Sanyal leistet eine erkenntnisreiche Kulturgeschichte der Vergewaltigung, die anhand dessen, wie in unserer Gesellschaft über Vergewaltigung gesprochen wird, fragt: Was verstehen wir eigentlich unter einer Vergewaltigung und was sagt das über unser Geschlechterverständnis aus? Sanyal vertritt überzeugend die These, dass die Konzeption von Vergewaltigung in unserer Gesellschaft der Konstruktion von hierarchisch angeordneter Zweigeschlechtlichkeit dient. Ein ebenso respektvolles und lesenswertes wie provokantes und bemerkenswertes Buch.

14. Sind dekonstruierte Männer die Zukunft des Feminismus?

In der Einleitung dieses Buches habe ich geschrieben, dass es Männern nicht als feministische Gebrauchsanweisung dienen soll. Als ich im Jahr 2017 mit dem Schreiben des Blogs begann, aus dem nun dieses Buch entstanden ist, war das allerdings sozusagen meine Motivation: Männern erklären, dass Konsens wichtig und Putzen etwas Gutes ist. Ich war eine naive Idealistin und das schien den Leuten zu gefallen: Mit dem Blog hatte ich mehr Erfolg als mit all meinen vorherigen Schreibprojekten. Etwa zur selben Zeit startete Victoire Tuaillon ihren Podcast *Les Couilles sur la table* (Die Eier auf den Tisch), und die Annahme, dass Männer für Probleme sorgen, verbreitete sich. Eine neue »Krise der Männlichkeit« wurde diagnostiziert und es wurde nicht mehr bemängelt, dass Männer keine richtigen Männer mehr seien, sondern dass sie noch immer zu männlich sind. Aus dieser Krise ging die Gestalt eines neuen Helden hervor: der dekonstruierte Mann.

Diesem Ideal des dekonstruierten Mannes steht eine andere Vorstellung gegenüber, die heutzutage ebenfalls en vogue ist: die »toxische Männlichkeit«. Diese schädliche Ausprägung männlicher Identität ist angeblich für all das Schlechte verantwortlich, das Männer anderen und sich selbst antun. Der Begriff entstand im Rahmen der sogenannten »mythopoetischen« Bewegung, die seit den 1980er Jahren unter Rückgriff auf eine Mischung aus Jung'scher Psychologie und Selbsterfahrung versucht, Männern ein positives Männlichkeitsmodell, quasi einen Detox-Mann zu verkaufen. Das passiert durch vielzählige Trainingseinheiten, bei denen ganz normale Männer in der Hoffnung, einen ursprünglichen Instinkt wiederzufinden, der viel zu lang von einer modernen, männerfeindlichen Gesellschaft unterdrückt wurde, am Ende nackt im Wald rumstehen. Zwischen den Werten dieser Bewegung und denen des Antifeminismus bestehen viele Überschneidungen, genau wie bei allen Bewegungen, laut denen es eine tiefliegende männliche Natur gibt, Männer unterdrückt sind und in einer Identitätskrise stecken. Doch das hat das Konzept der toxischen Männlichkeit nicht davon abgehalten, sich bis in feministische Kreise auszubreiten. Aber angesichts des Ursprungs dieses Begriffs sollten wir uns die Frage stellen: Kann es für den Feminismus eine »positive« Männlichkeit geben?

In diesem letzten Kapitel zu den Beziehungen von Männern und Frauen werden wir also versuchen, euren Platz zu finden, meine Herren. Mitteilung an alle lieben, dekonstruierten Männer mit guten Absichten: In diesem Kapitel geht es um euch. Ich weiß doch, wie sehr euch das gefällt.

Welcher Feminismus passt zu Männern?

Beginnen wir mit ein wenig Geschichte. Der französische Feminismus hat einige großartige männliche Vertreter, Vorreiter wie François Poullain de La Barre (1647–1723) und Léon Richer (1824–1911), die sich für die Gleichberechtigung der Geschlechter eingesetzt haben, und das in Zeiten, in denen es Frauen materiell wie rechtlich unmöglich war, das selbst zu tun. Man kann nicht behaupten, dass sie besonders tolle Ergebnisse erzielt haben, aber sie haben die Frauenfrage vorangebracht. Diese Männer haben sich aus einer humanistischen Haltung heraus engagiert, genau wie manche Weiße sich gegen Sklavenhaltung oder manche Bourgeoise sich gegen Armut eingesetzt haben. Auch heute noch stellen sich viele Männer in diese Tradition.

Vor humanistischen Feministen nehme ich persönlich mich in Acht. Das sind nämlich immer die Ersten, die guten von schlechtem Feminismus unterscheiden wollen und uns vorwerfen, dass wir zu weit gehen und unserem Anliegen schaden. Das sind Vertreter eines Feminismus, der bloß nichts an ihrer Stellung ändern soll. Eine Freundin hat mir mal eine Anekdote erzählt, die die Problematik dieser humanistisch-feministischen Position ganz gut zusammenfasst. Der Moderator einer sehr bekannten Radiosendung bat sie darum, seinen Artikel über das x-te Comeback von Bertrand Cantat[1] und die darauf folgenden feministischen Proteste gegenzulesen. Er wollte den Artikel mehreren Feministinnen zeigen und sie um ihre Meinung bitten. Meine Freundin war überhaupt nicht einverstanden mit dem Text und teilte das dem Autor auf eine ihrer Meinung nach diplomatische Art und Weise mit. Seine Reaktion? Er ist ausgerastet und hat ihr Extremismus und Männerhass vorgeworfen. Immerhin habe er doch auch positives Feedback

1 Anm. d. Übers.: Ehemaliger Sänger der Band *Noir désir*, der 2003 seine Partnerin Marie Trintignant tötete, jedoch 2007 wieder aus dem Gefängnis entlassen wurde und seitdem wieder Musik macht.

von anderen Feministinnen bekommen. Er spielte sich also auf wie ein Schiedsrichter, der aus seiner unparteiischen Position als Mann über guten und schlechten Feminismus entscheiden wollte.

Gestehen wir den feministischen Männern der Vergangenheit zu, dass sie ihren Teil zu bestimmten Kämpfen beigetragen haben, zum Beispiel zu dem für das Recht auf Abtreibung. In den 1970er Jahren engagierten sich viele Männer, meist Ärzte, im *Mouvement pour la liberté de l'avortement et de la contraception* (MLAC, etwa: Bewegung für die Freiheit zu Abtreibung und Verhütung). Doch es entstanden Spannungen: Aktivistinnen aus dem *Mouvement de libération des femmes* (MLF, etwa: Bewegung für die Frauenbefreiung) warfen ihnen vor, das medizinische Wissen über die Praktik der Abtreibung völlig in Beschlag zu nehmen und Frauenkörper für politische Zwecke zu missbrauchen. Im Gegenzug wurden sie von den Ärzten als undankbar bezeichnet, denn die waren größtenteils nicht so sehr durch feministische Überzeugungen motiviert, als dass sie eine Reform medizinischer Dogmen anstrebten. Als im Jahr 1974 die »Loi Veil«, ein neues Abtreibungsgesetz, in Kraft trat, empfanden die Ärzte das als ausreichend und überließen den weiteren Kampf den Feministinnen, die weitaus weniger zufrieden mit diesem Gesetz waren (insbesondere mit der Gewissensklausel und der Fristenregelung, laut der Schwangerschaftsabbrüche nur bis höchstens zur zehnten Schwangerschaftswoche straffrei waren).

Der Feminismus der 1970er Jahre, also die sogenannte »zweite Welle des Feminismus«, basierte weniger auf einem schöngeistigen, humanistischen Ideal der Gleichberechtigung als auf der Anerkennung von Unterdrückung, auf der universellen Erfahrung aller Frauen, die sie in Frauengruppen miteinander teilten, und auf der Politisierung dessen, was bis dahin als privat angesehen wurde. Dieser Feminismus war für Männer viel schwerer zu akzeptieren, weil er die männliche Herrschaft beim Namen nannte und die männliche Identität direkt infrage stellte. Rein theoretisch gestand ihnen dieser Feminismus nicht zu, sich als großmütige Retter »der Frau« aufzuführen.

Für viele Theoretikerinnen des lesbischen und radikalen Feminismus galt es als absurd, einfach das Ziel der Gleichheit von Frauen und Männern zu verfolgen – in etwa als ebenso absurd wie die Vorstellung, dass eine Gewerkschaft die Gleichheit von Vorgesetzten und Lohnarbeiter*innen anstreben könnte, ohne jedoch Lohnarbeit an sich infrage zu stellen. Das Ziel eines wirklich radikalen Feminismus ist nichts Geringeres als die Abschaffung des Patriarchats und des Geschlechtersystems. Gleichheit von Frauen und Männern kann nicht erreicht werden, wenn die beiden Klassen durch die Herrschaft der einen über die andere definiert werden. Zerschlüge man das Patriarchat, hätten die Kategorien »männlich« und »weiblich« keinen Sinn mehr. Die Geschlechtertrennung erscheint uns als derart essenziell, dass es für die meisten von uns schwierig ist, sich eine Post-Gender-Welt vorzustellen. Schon diese Tatsache zeigt, dass das Ziel noch lange nicht erreicht ist.

Das Aufkommen des »dekonstruierten« Mannes

Seit damals gab es viel Hin und Her und einige Spannungen zwischen diesen beiden Strömungen des Feminismus. In den 1980er Jahren zeigte der Feminismus gewisse Ermüdungserscheinungen, doch er kam wieder, und zwar mit neuen Tendenzen zur Mischung der Geschlechter, zur Queerness oder zum Humanismus. Heute scheint wiederum ein radikalerer Feminismus Raum einzunehmen, der die Stellung der Männer erneut hinterfragt. In der Zwischenzeit jedoch haben einige Männer eine Haltung gefunden, die sich in ihren Augen mit dem Feminismus der zweiten Welle zu vertragen scheint: Was, wenn sie die männliche Identität infrage stellten? Was, wenn sie »Zwangsmännlichkeit« anprangerten?

Der dekonstruierte Mann, der neue Vater, der Metrosexuelle ... Er hat viele Namen, aber unterm Strich ist das alles mehr oder weniger dasselbe. Im Frankreich der 1970er Jahre hat diese Suche nach einer neuen männlichen Identität zur Bildung von Selbsthilfegruppen für Männer geführt, die wiederum nicht so wirklich zu etwas geführt haben. Das ist vielleicht auch gar nicht so schlimm, denn der kanadische Forscher Francis Dupuis-Déri hat gezeigt, wie solche Gruppen in Québec zwar mit guten feministischen Absichten gegründet wurden, sich aber bald zu maskulinistischen Projekten entwickelten.[2] Gruppen, die heutzutage in Frankreich Männern anbieten, unter sich zu sein und Zugang zu ihrer männlichen Identität zu finden, indem sie nackt im Wald schlafen, sind alles andere als feministisch.

Ebenso wie die Existenz der neuen Väter muss auch die Existenz dieses neuen Idealmannes erst noch bewiesen werden. Für mich steht außer Frage, dass der Feminismus und die Hinterfragung der Männlichkeit vielen

2 Dupuis-Déri, Francis: *La Crise de la masculinité*, a. a. O.

PERVERSLING! NUR WEIL DU EIN MANN BIST, MEINST DU, DU KÖNNTEST DIR ALLES ERLAUBEN?!
HAHA, ICH, NUR EIN MANN? DU WEIßT JA NICHT, WER HIER VOR DIR STEHT …
LACKIERTE NÄGEL NO JUTSU!
QUIIIIETSCH! SO DEKONSTRUIERT! ENTSCHULDIGE!
DAS WUSSTE ICH NICHT!

Männern sehr gutgetan haben. Sich von den ewigen Diskussionen zu lösen, wer denn nun den Größten habe, ist befreiend. Sich andere Gefühle als Wut zuzugestehen, mehr Empathie für Frauen zu haben und es zu wagen, Nagellack aufzutragen, wenn man denn will – all das kann unglaublich angenehme Auswirkungen haben. Ich kenne viele Männer, die im Kontakt zu Frauen aufgeblüht sind. Und ich zweifle auch gar nicht an ihrer Aufrichtigkeit, wenn sie sich für den Feminismus einsetzen. Allerdings ist das eben auch ein super Mittel, um Frauen flachzulegen.

Anleitung zum Ficken für profeministische Männer

1. Reflektiere deine Privilegien. Wenn du sagst »Ich weiß, dass ich da von einer total privilegierten Position aus spreche«, reicht das schon, um diese Privilegien aufzuheben. Mehr ist dafür gar nicht nötig. Weise oft darauf hin, dass du dich als Mann nicht als Feminist bezeichnen kannst, sondern nur als Verbündeter beziehungsweise als profeministisch. »Und das trotz meines täglichen Engagements und allem, was ich in meinen Kämpfen bisher erreicht habe«, kannst du mit ebenso großer Demut hinzufügen.

2. Lerne die Sprache des Feminismus. Wenn man dir vorwirft, deine Machtposition zu missbrauchen, sag einfach, das sei ganz fieses Gaslighting.[3] Wenn du mal verkackst, schieb das einfach auf deine toxische Männlichkeit, die du ja unter größter Mühe zu dekonstruieren versuchst.

3. Erkläre auf jeden Fall, wie viele persönliche Zugeständnisse du heutzutage für dein feministisches Engagement machen musst. Dazu kannst du zum Beispiel eine dramatische Formulierung nutzen wie: »Ich bin ein Verräter meines Geschlechts.« Du armes kleines Spätzchen aber auch.

4. Mach dich ruhig jederzeit über Frauen lustig, die nicht feministisch genug sind. Bravo, du bist feministischer als Marlène Schiappa![4] Und damit kannst du gleichzeitig alle Feministinnen

3 Form der Manipulation, durch die das Opfer an seiner Realitätswahrnehmung oder seinem Verstand zweifelt. Diese Art der psychischen Gewalt ist in Missbrauchsbeziehungen weit verbreitet.

4 Anm. d. Übers.: Bis 2020 unter Emmanuel Macron Staatssekretärin für die Gleichstellung der Geschlechter. Das von ihr entworfene Gesetz »Loi Schiappa« trat 2018

zurechtweisen, die zu radikal sind, indem du zum Beispiel sagst, dass der Feminismus deiner Meinung nach auf Emanzipation statt auf höhere Strafen abzielen sollte. Du bist der dekonstruierte Mann, also darfst du den Debatten die Richtung weisen.

5. Erwähne die mögliche Fluidität deiner sexuellen Orientierung. Sag so etwas wie: »Es ist doch nicht auszuschließen, dass ich mich eines Tages in einen Mann verliebe«, auch wenn das noch nie zuvor passiert ist, weil du »Frauen viel zu sehr liebst«. Hauptsache, irgendwo im platonischen Universum der profeministischen Ideen ist für dich theoretisch alles möglich.

6. Gewöhne dir für den Alltag tatsächliche »dekonstruierte« Verhaltensweisen an, zum Beispiel Polyamorie oder BDSM, denn das bringt die männliche Herrschaft so richtig ins Wanken. Inwiefern? Weiß ich auch nicht so genau, hab ich aber mal in einem Blog gelesen. So kannst du der »Heteronorm« entfliehen, ohne deine Heterosexualität aufgeben zu müssen. Das Patriarchat bekämpfen, indem du mit vielen Frauen Sex hast und sie dominierst – was könnte es Schöneres geben?

Mein Spott rührt daher, dass ich viel zu viele solcher Männer kenne. So ein Verhalten folgt direkt aus der Wertschätzung des dekonstruierten Mannes in profeministischen Milieus. Einigen Heterofeministinnen könnte man vorwerfen, dass sie solche Männer über den grünen Klee loben. Wenn die Realität der männlichen Herrschaft bis in ihre eigenen Beziehungen hinein unerträglich wird, träumen sie von so einem Mann. Da ihr feministisches Gewissen im Widerspruch zum romantischen Liebesideal der Heterosexualität steht, sehen sie im dekonstruierten Mann so eine Art Kompromiss, trotzdem an einen Prince Charming zu kommen. Und der achtet dann eben auf Hautpflege und kann ganze Dialoge aus dem Film *Mean Girls* zitieren. Lieber arrangieren sie die Heterosexualität neu, als das Single- oder Lesbischsein ernsthaft in Betracht zu ziehen.

Und dafür habe ich vollstes Verständnis, denn auch ich habe einst daran geglaubt, heterosexuelle Beziehungen könnten auf Gleichberechtigung

in Kraft und definierte u. a. Belästigung auf der Straße und Upskirting (Frauen gegen ihren Willen unter den Rock filmen) als Straftaten und weitete den Straftatbestand der Vergewaltigung aus.

beruhen, und so wollte ich selbst ein dekonstruierter Mann sein. Aber der Position als Mann oder Frau entgeht man nicht einfach durch guten Willen.

Selbstverständlich stürzen sich einige Männer gleich auf die Möglichkeit, sich selbst als dekonstruiert darzustellen. Es stimmt ja auch, dass profeministische Männer und Verfechter »alternativer« Männlichkeit allzu oft unter einem bestimmten Modell maskuliner, gewaltsamer, machomäßiger, sportlicher und attraktiver hegemonialer Männlichkeit leiden oder gelitten haben, dessen Vertreter sich schon in der Schule über sie lustig gemacht haben. Aber profeministische Männer stehen da nicht komplett außen vor. Sobald das Leben ihnen die Möglichkeit gibt, ihren Platz zu finden, Selbstvertrauen zu fassen und eine angesehene Position zu erlangen, sind sie wieder im *game*. Ich will gar nicht bestreiten, dass diese Männer nur unter Schwierigkeiten ihren Platz zwischen ihren männlichen Mitmenschen finden konnten. Ich selbst hatte eine Außenseiterjugend, fand nur schwer Freund*innen, hatte keinen Erfolg mit Mädchen und spielte ständig *Final Fantasy*. Ich kenne diese Männer also. Diese Nerds, diese Jungfrauen, diese Männer voller Komplexe – das waren meine Freunde.

Hegemoniale Männlichkeit ist eine Herrschaftsposition, aber nirgendwo steht geschrieben, dass sie hypermaskulin sein muss. Schauen wir uns zum Beispiel David Bowie an. Dieser Mann, eine androgyne Ikone, die in den 1970er Jahren stolz von ihrer Bisexualität sprach, hat letztlich seine Position ausgenutzt und mit seinem fünfzehnjährigen Groupie Lori Mattix geschlafen. Und was ist mit Denis Baupin, der sich damals als Abgeordneter mit geschminkten Lippen fotografieren ließ, um sich für Frauenrechte einzusetzen? Was für ein tolles Symbol für dekonstruierte Männlichkeit er doch war, fernab aller Stereotype! Ein tolles Symbol vor allem für Scheinheiligkeit – mehrere Frauen aus seiner damaligen Partei (*Europe Écologie Les Verts*, gehört zur Europäischen Grünen Partei) erstatteten wegen sexueller Belästigung Strafanzeige gegen Baupin. Der Soziologe Michael Kimmel, einer der Begründer der Männerforschung, dessen Name mir immer wieder in Veröffentlichungen zu dem Thema begegnet, hat seine Karriere diskret durch einen vorzeitigen Ruhestand beendet, nachdem ihm von einer ehemaligen Studentin sexuelle Belästigung vorgeworfen worden war.

Müssen wir Männer hassen?

Diese Frage stellt sich natürlich, wenn sogar die »dekonstruierten« Männer in unseren Augen auf wenig Gegenliebe stoßen. Haben Männer denn überhaupt keine guten Eigenschaften? Bin ich einfach blind vor lauter Groll?

Männer finden Männerfeindlichkeit sehr beunruhigend. Sogar so sehr, dass sie sie mit Frauenfeindlichkeit vergleichen. Aber auf diesen unpassenden Verweis lasse ich mich auf keinen Fall ein, denn Frauenfeindlichkeit tötet tagtäglich viele Frauen. Sie ist der empörendste, sichtbarste Ausdruck eines Systems, das die Hälfte der Bevölkerung auf der ganzen Welt in einer untergeordneten Position festhält. Männerfeindlichkeit hingegen kratzt höchstens an ein paar Egos.

Meiner Erfahrung nach muss eine Frau nicht einmal offen männerfeindlich sein, um für Männer ein Problem darzustellen. Erst gestern bin ich auf der Straße an einer Collage vorbeigegangen, auf der stand: »99 % der Triebtäter sind Männer.[5] Ihr seid das Problem.« Das Wort »Männer« hatte jemand mit Farbe beschmiert. Offenbar gefällt es ihnen nicht, wenn man ihren Namen sagt. Sorry Jungs, ich weiß ja, dass ihr von Natur aus zarte Gemüter seid, aber *facts don't care about your feelings*. Seid mal lieber froh, dass nicht noch mehr Frauen euch hassen.

Gründe für Männerhass gibt es genug, aber wir wollen der Frage aus der Zwischenüberschrift doch etwas tiefgründiger nachgehen. Schaut mal, heißt es immer, es ist ja nicht deren Schuld. Es liegt an ihrer Erziehung. Oder in ihrer Natur. Pierre Bourdieu erklärt in seinem Buch *Die männliche Herrschaft* (der Titel trägt die Botschaft einer täglichen Praxis des Autors selbst), dass Männer »von ihrer Herrschaft beherrscht« werden.[6] Männlichkeit sei eine Last, die man trägt, ohne sich dessen bewusst zu sein.

Ich selbst habe schon einmal das Argument vorgetragen, dass Männer teilweise unbewusst herrschen, und noch immer mache ich hin und wieder darauf aufmerksam, dass auch der ausgeprägteste gute Wille der Welt einen Mann nicht daran hindern wird, von einer Welt zu profitieren, die ihn in praktisch jeder Hinsicht begünstigt. Offensichtlich handelt es sich hier also nicht nur um eine Frage der individuellen Bereitschaft. Das wollte auch der Soziologe Léo Thiers-Vidal in seiner Doktorarbeit zeigen,[7] wobei er noch einen Schritt weiter ging: Männer wissen, dass sie über Frauen herrschen, und entwickeln im Laufe ihres Lebens verschiedene Strategien, um das zu erreichen.

5 Bevor ihr auf mir rumhackt: Diese Collage habe nicht ich erstellt. Laut der bereits zitierten *Enquête VIRAGE* werden tatsächlich 98 Prozent der Fälle sexueller Belästigung gegen Frauen von Männern begangen. Bravo, liebe Fact Checker, eure Arbeit ist wirklich unbezahlbar.

6 Bourdieu, Pierre (2012): *Die männliche Herrschaft*. Aus dem Französischen von Jürgen Bolder. Frankfurt am Main: Suhrkamp.

7 Thiers-Vidal, Léo (2010): *De »l'Ennemi principal« aux principaux ennemis. Position vécue, subjectivité et conscience masculines de domination*. Paris: L'Harmattan.

Wenn zum Beispiel ein Mann emotional distanziert mit Frauen umgeht – eine Strategie, die viele Männer verfolgen –, hält er seine Partnerinnen damit in der Position von Bittstellerinnen, die nach jedem kleinen Krümel an Zuneigung lechzen. »Ich weiß, dass ich patriarchale Herrschaft über Frauen ausübe« – das muss ein Mann nicht sagen, um wissentlich an dieser Herrschaft teilzuhaben, wenn er beleidigt, schlägt, vergewaltigt.

Wir müssen Männern zuhören. Sie wissen, dass sie sich schlecht verhalten. Ihnen wird »plötzlich bewusst«, dass die Welt sexistisch ist, wenn sie eine Tochter bekommen, und das heißt, dass sie genau wissen, was los ist und was sie dazu beitragen, vorher aber nie einen Grund hatten, sich darüber Sorgen zu machen. Wenn sie Frauen sagen, sie sollen sich vor Männern in Acht nehmen, bedeutet das, dass sie Bescheid wissen. Männer selbst haben keine besondere Hochachtung vor dieser Gruppe, zu der sie selbst gehören.

Die meisten heterosexuellen Männer, die ich kenne, sind fasziniert von absolut amoralischen Anti-Helden. Walter White aus *Breaking Bad*. Tony Montana aus *Scarface*, Rick aus *Rick & Morty* ... Sogar die »Guten« mögen sie am liebsten ein bisschen verrucht, Batman zum Beispiel. Meiner Theorie zufolge identifizieren Männer sich mit diesen Helden, weil sie genau wissen, dass auch sie selbst ihren Mitmenschen Leid antun. Weil sie sich für Menschen halten, die sich ein bisschen kompromittieren müssen, um etwas im Leben zu erreichen. Und das meist zu Lasten der Frauen.

Also, müssen wir Männer hassen? In meinen Augen ist diese Frage nicht gut formuliert. Eigentlich ist sie sogar eine Falle, denn damit entpolitisiert man die Debatte und emotionalisiert sie stattdessen. Wenn ich sage, dass ich Männer hasse, wird man meine Worte von vornherein für ungültig erklären; wenn ich allerdings sage, dass ich Männer liebe, wird meine gesamte Kritik weniger Gewicht haben. Alles in allem werden Menschen, die Männer lieben, all das für nicht ganz so schlimm halten und schon irgendwie einen Weg finden, mit ihnen zusammenzuleben und, ach übrigens, wo du gerade in der Küche bist, bring uns doch noch ein paar Bier mit, Zuckerpuppe.

Statt über Gefühle zu reden, habe ich einiges über Fakten, materielle Realitäten und Kämpfe zu sagen. Dass man mich als radikale, vermutlich männerfeindliche Lesbe abstempelt, hält mich nicht davon ab, Männer zu unterstützen, wenn sie unter Kapitalismus, Rassismus, Homo- oder Transfeindlichkeit leiden. Ich unterstütze die Streiks in den Fabriken, in denen sie arbeiten, ebenso wie das Comité Adama[8], das laut wird, wenn Schwarze Männer von der Polizei umgebracht werden. Jetzt verlangt nicht noch eine Stellungnahme von mir, dass ich Männer liebe.

8 Anm. d. Übers.: Adama Traoré war ein Schwarzer Franzose, der im Juli 2016 bei einer Festnahme verstarb, nachdem Polizisten ihn zu Boden gedrückt hatten. Seine ältere Schwester Assa Traoré gründete daraufhin das *Comité vérité et justice pour Adama* (Komitee für Wahrheit und Gerechtigkeit für Adama), das sich gegen rassistische Polizeigewalt einsetzt.

Ihr wollt über Männerfeindlichkeit reden? Ich habe mal mit einem Mann kurzen Prozess gemacht – und zwar mit dem, der ich war und der heute nicht mehr existiert. Ich bin teilweise deshalb zu dieser Tat geschritten, weil ich mich selbst desto mehr gehasst habe, je mehr ich mich mit radikalem Feminismus auseinandergesetzt und ihm zugestimmt habe. Wäre meine Transition einfacher verlaufen, wenn ich mich nicht mit einem Diskurs beschäftigt hätte, den viele Menschen als männerfeindlich beurteilen? Vielleicht. Oder vielleicht hätte ich das mit der Transition dann gelassen.

Statt sich über die Leiden aufzuregen, die die Männerfeindlichkeit angeblich verursacht, sollten wir uns meiner Meinung nach eher auf das Schlechte konzentrieren, das Männer verursachen, die Frauen lieben. 150 Femizide pro Jahr allein in Frankreich. 213.000 Opfer von körperlicher und/oder sexualisierter Gewalt seitens der Partner von Frauen. Die Liebe der Männer ist gefährlicher als die Männerfeindlichkeit der Frauen.

Der Platz der Männer im Feminismus

Ob man sie nun hasst oder nicht, Männer sind Teil der Gesellschaft und mit der Realität ihrer Existenz müssen wir klarkommen. Einige von uns leben ja auch mit ihnen zusammen unter einem Dach. Also: Was tun?

Natürlich sind nicht alle Männer Triebtäter mit Parlamentssitz, Rockstars, die Minderjährige vergewaltigen, oder Soziologiepäpste der dekonstruierten Männlichkeit. Allerdings profitieren alle Männer, wenn auch nur passiv, von der männlichen Herrschaft. Warum sollte man eine Beförderung ausschlagen? Wie soll man verhindern, dass einem mehr Aufmerksamkeit zuteilwird, wenn man das Wort ergreift? Was kann man an der Tatsache ändern, dass man abends ohne Furcht das Haus verlassen kann? Wie soll man sich all dem Lob widersetzen, das man bekommt, wenn man die Hälfte der Hausarbeit erledigt, während Frauen meist mehr machen und dafür keine Lorbeeren bekommen? Angesichts all der sozialen Konstruktionen, die nicht eurem Einfluss unterliegen, hat eure persönliche Dekonstruktion nicht viel Gewicht. Noch der dekonstruierteste Mann der Welt zieht einen Nutzen aus dem Patriarchat.

Aber wo hat dann der gutwillige, wohlmeinende, profeministische Mann seinen Platz? Ich kann euch ja nicht allen raten, es genauso zu machen wie ich. Eine Transition zur Frau wird nicht jedem zuteil, es ist ein Sakrament. Behaltet ruhig eure ganze Dekonstruktion, euren Nagellack und eure guten Absichten. Vor allem, wenn euch das guttut. Wenn ihr euch allerdings ernsthaft mehr für den Feminismus einsetzen wollt, wird die Sache komplizierter. Ihr müsst euch nicht unbedingt ein neues Hobby suchen, aber, um eine alte Parole aus der zweiten Welle des Feminismus aufzugreifen: Ihr müsst uns nicht befreien, da kümmern wir uns schon selbst drum. Es gibt Millionen von Mechanismen, die dafür sorgen, dass es für einen Mann leicht ist, sich in einer weiblichen Umgebung durchzusetzen. Wie wollt ihr sicherstellen, dass ihr allein stark genug seid, der Versuchung der Macht zu widerstehen?

Oft heißt es, dass hinter jedem dekonstruierten Mann eine erschöpfte Feministin steht. Ich fände es besser, wenn hinter jeder Feministin ein erschöpfter Mann stünde. Und es gibt ganz viele Möglichkeiten für Männer, sich für die Anliegen des Feminismus einzusetzen, ohne selbst zu viel Raum einzunehmen. Während aktivistischer Treffen auf die Kinder aufpassen, Geld an Vereinigungen spenden. Wenn euch das nicht rühmenswert genug ist, dann setzt euch für den Planeten ein, gegen Speziesismus oder für eine andere Sache, die eure Unterstützung benötigt. Ansonsten hört bitte brav zu, wenn eine Frau ein Sexismusproblem anspricht. In der Zwischenzeit kümmern wir uns um das Podest, auf dem ihr steht.

Ob nun durch einen Entwurf einer »neuen Männlichkeit« oder durch die Einnahme einer Perspektive, die sich als feministisch versteht: Die Rekonstruktion einer »positiven« männlichen Identität steht immer im Widerspruch zum radikalen, revolutionären Feminismus. Wir wollen Geschlecht abschaffen – und ihm nicht einfach einen neuen Anstrich verpassen.

Zur Vertiefung:

Jacquemart, Alban (2015): ***Les Hommes dans les mouvements féministes. Socio-histoire d'un engagement improbable.*** **Rennes: PUR.**
Für dieses Kapitel verdanke ich den Arbeiten dieses Soziologen sehr viel. Seine Doktorarbeit ist alles andere als eine Lobrede auf männliche, feministische Helden. Im Gegenteil: Mit seiner kritischen Betrachtung des Platzes der Männer im Feminismus entlarvt er exzellent die Dynamiken männlicher Macht, wenn sie verschleiert auftritt.

Rey-Robert, Valérie (2020): ***Le Sexisme, une affaire d'hommes.*** **Paris: Libertalia.**

Valérie Rey-Robert geht viel methodischer vor als ich und auch ihre Argumentation ist solider als meine. Unsere Bücher sind unterschiedlich, ich hoffe aber, dass sie einander ergänzen. Sie besteht darauf, dass Männer gebildet und geändert werden sollten. Wenn ihr das auch so seht, findet ihr ganz sicher kein besseres Buch als dieses.

Thiers-Vidal, Léo (2010): ***De »l'Ennemi principal« aux principaux ennemis. Position vécue, subjectivité et conscience masculines de domination.*** **Paris: L'Harmattan.**

Léo Thiers-Vidal war einer der sehr wenigen profeministischen Männer, die radikal-lesbische Theorien verinnerlicht hatten. In diesem Buch, das auf seiner Doktorarbeit basiert, erklärt er seine Position des eingefleischten Anti-Maskulinismus, welcher seiner Ansicht nach für einen Herrschenden einen sehr begrenzten Rahmen absteckt, in dem er sich am feministischen Kampf beteiligen kann. Mit seiner These, Männern sei sehr bewusst, dass sie über Frauen herrschen, bringt er die Gemeinplätze über das »Gefängnis der Männlichkeit« ins Wanken, die ja auch nur dazu dienen, die Verantwortung der Männer im Patriarchat zu negieren.

Fazit

DU SCHLAMPE!
SEI DOCH NICHT SO HYSTERISCH!
DU WILLST ES DOCH AUCH …
DIE BEFÖRDERUNG KRIEGT JEAN. DER FÄHRT NÄMLICH NICHT JEDEN TAG SCHON UM 18 UHR NACH HAUSE …
WARUM HAST DU MEINE HEMDEN NICHT GEBÜGELT?
IN DEM KLEID GEHST DU GANZ BESTIMMT NICHT NACH DRAUßEN!
WENN DU NICHT MISSBRAUCHT WERDEN WILLST, DANN MACH DOCH DIE BLUSE ZU …

Damit kommen wir zum Ende dieses Buches. Viele Aspekte habe ich gar nicht erwähnt. Ich hätte zum Beispiel über das Verhältnis von Männern zur Pornografie oder zur Sexarbeit im Allgemeinen schreiben können. Über das Militär, über den Sport. Über Inzest.

Ich hätte noch auf Tausende Dinge eingehen können, die in unserer Gesellschaft als »maskulin« gelten. Warum riecht Männerdeo nach Wald, Leder und Moschus? Warum sind Chihuahuas unmännlich, Grillabende aber nicht? Warum sind Handwerk und Rasenmähen ein männliches Vorrecht?

Warum sind »große Autoren« immer Männer, während die allermeisten Leser*innen Frauen sind? Nebenbei hätte ich noch eine andere essenzielle Frage beantworten können: Warum wechseln Männer nicht häufiger die Unterwäsche?[1]

1 Laut einer Studie von IFOP und Diogène France von 2020 wechseln 73 Prozent der Männer und 94 Prozent der Frauen ihre Unterhose täglich. Quelle: »Les Français(es) sont-ils vraiment propres? Évolution des comportements d'hygiène des Français (1951–2020)«.

Ich hätte über trans Männer schreiben können. Sicher hätte ich mich auch noch ausführlicher mit den Überschneidungen von Geschlecht, Klasse, *Race* und Ableismus beschäftigen können. Und über Dickenfeindlichkeit hätte ich auch noch einiges zu sagen.

Kurz gesagt, es bleiben noch Tausende Aspekte, die man weiterdenken muss, und tatsächlich gibt es viele Menschen, die dieses Unterfangen täglich verfolgen. Nachdem ich nun fünf Jahre lang einen großen Teil meiner Aufmerksamkeit kaum etwas anderem gewidmet habe, kann ich persönlich den Tag kaum erwarten, an dem ich nicht mehr über Männer nachdenken muss. In diesen fünf Jahren haben in meinem Leben einige grundlegende Veränderungen stattgefunden. Ich vermute mal, dass die nächsten fünf Jahre nicht weniger turbulent werden. Ich entferne mich zwar von diesem Thema, nachdem ich meine eigene Männlichkeit hinter mir gelassen habe, aber ich werde auch in Zukunft vieles reflektieren müssen. Eine Person, die als Feministin lebt, wird die Welt nie wieder so sehen wie zuvor.

Der Feminismus erlaubt uns einen neuen Blick auf all unsere Institutionen, aber auch auf unser Privatleben, bis hinein in unsere intimsten Wünsche. Die Familie ist ein Produkt des Patriarchats, das sich in einer Symbiose mit dem Kapitalismus entwickelt hat und weiterhin entwickeln wird. Sogar unser Verständnis von der Liebe hat sich nicht unabhängig von den Machtverhältnissen innerhalb dieser Systeme herausgebildet.

Viele Menschen erheben die Stimme und behaupten, dass wir auf einem von permanenten Krisen geprägten Planeten, der buchstäblich in Flammen steht, drängendere Probleme haben als Geschlechterfragen. Diese reaktionären Stimmen haben uns aber erst an den Rand des Abgrunds geführt. Im Gegensatz zu denen denke ich, dass wir nur aus der Sache herauskommen, wenn wir alles ganz neu aufbauen. Und nur wenige Dinge erschüttern das Fundament unserer Gesellschaft so sehr wie eine Infragestellung der Geschlechterordnung.

Männer hatten schon immer die Macht. Sie haben diese Welt erbaut und sie zerstören sie derzeit wieder. Wollen wir uns damit zufriedengeben, denen zu gehorchen, die die etablierte Ordnung verteidigen, »weil Menschen nun mal zuallererst Männer« sind? Ich möchte viel lieber dafür kämpfen, dass Menschen kein Geschlecht mehr haben. Ich hoffe, euch in diesem Kampf an meiner Seite zu haben.